健康・スポーツ科学

武井義明
著

朝倉書店

まえがき

　保健体育科目は新制大学発足とともに高等教育に取り込まれた科目である．近年の教育改革の流れの中で神戸大学においては教養部の廃止に伴い一般教養の授業科目は全学共通授業科目へと名称変更が行われ，保健体育科目も健康・スポーツ科学へと名称変更がなされた．

　この間先人達の努力によって大学保健体育科目の改革の試みがなされてきたが，主に実技に関するものが多く，講義についてはこれまで十分な議論がなされてきたとはいい難い．筆者はこの理由は主に保健体育科目が持つ困難性に起因していると考えている．この授業科目を支える科学はいわゆる総合科学である．現代における諸課題の解決のため，近年要請されている環境科学なり情報科学においても同様な困難性を持っているように思われる．学問の基礎的な基盤が脆弱であり，対象が広範でかつ複雑である．

　本書は健康・スポーツ科学講義の教科書として執筆されたものである．これまでの教科書では健康やスポーツに関する諸学問の成果を網羅的に紹介したものが多い．そのような教科書と比べると本書の内容はかなり奇異に映るかもしれない．しかし，一人の教官が15週の講義の中で諸学問の成果を網羅的に紹介するのは極めて困難であり，自身が拠るべき学問分野を中心に講義を展開せざるを得ないのが現状である．本書では健康科学およびスポーツ科学の共通する領域に対する筆者なりのアプローチの仕方を示したつもりである．

　最後に，本書の出版に当たり，企画段階からご尽力をいただいた朝倉書店編集部の方々には心から感謝の意を表します．

　2000年3月

武井義明

目 次

1. **健康・スポーツ科学とは何か** ·· 1
   - 1.1 科学的方法論 ·· 1
   - 1.2 直観的方法論 ·· 2
   - 1.3 健康科学の困難性 ·· 5
   - 1.4 健康・スポーツ科学へのアプローチ ································ 8

2. **運動生理学によるヒトの理解** ·· 10
   - 2.1 脳・神経系 ·· 10
     - 2.1.1 脳・神経系の分類 ·· 10
     - 2.1.2 ニューロン ·· 11
     - 2.1.3 体性神経系による制御 ······································ 16
     - 2.1.4 自律神経系による制御 ······································ 18
     - 2.1.5 内分泌系による制御 ·· 18
   - 2.2 骨と骨格筋 ·· 21
     - 2.2.1 骨 ·· 21
     - 2.2.2 関　節 ·· 24
     - 2.2.3 骨 格 筋 ·· 26
   - 2.3 栄養と栄養素 ·· 32
     - 2.3.1 糖　質 ·· 32
     - 2.3.2 脂　質 ·· 35
     - 2.3.3 蛋 白 質 ·· 37
     - 2.3.4 ビタミン ·· 38
     - 2.3.5 ミネラル ·· 40

目次

- 2.4 エネルギー代謝 ······· 42
  - 2.4.1 エネルギー供給機構 ······· 42
  - 2.4.2 エネルギー消費量の計測 ······· 46
- 2.5 運動と呼吸器系 ······· 51
  - 2.5.1 呼吸器の構造 ······· 51
  - 2.5.2 酸素輸送系 ······· 55
  - 2.5.3 呼吸の調節 ······· 57
- 2.6 運動と循環器系 ······· 61
  - 2.6.1 心　　臓 ······· 61
  - 2.6.2 血　　圧 ······· 64
  - 2.6.3 呼吸・循環器系の適応 ······· 67
- 2.7 環境と生体の適応 ······· 70
  - 2.7.1 温 熱 環 境 ······· 70
  - 2.7.2 高　　所 ······· 78
  - 2.7.3 喫　　煙 ······· 81

3. 生体協同現象学によるヒトの理解 ······· 83
   - 3.1 生体のリズム現象 ······· 83
   - 3.2 生体のゆらぎ現象 ······· 93
     - 3.2.1 心拍変動性 ······· 94
     - 3.2.2 フラクタル ······· 99
     - 3.2.3 カ オ ス ······· 105

4. 健康・スポーツ科学の地平 ······· 115

文　　献 ······· 118

索　　引 ······· 121

1

健康・スポーツ科学とは何か

　健康・スポーツ科学はいうまでもなく健康やスポーツに関わる諸問題を科学的な方法論に基づいて解き明かしていこうとする学問領域である．誰しも健康やスポーツに関わる重要な問題を非科学的な方法論で問題解決したいとは思わないはずだ．しかし，我々は日常生活の中でどのくらい健康やスポーツに関わる諸問題を科学的な方法論に基づいて解決していこうとしているのであろうか．いや，そもそも科学的方法論とはどのようなものであるのか．

1.1　科学的方法論

　我々日本人はともすると「科学」という言葉を「自然科学」あるいは科学の成果である「技術」と混同している場合がある．科学はその対象領域から大まかに人文・社会・自然の三つの分野があり，あくまで問題解決の方法論の一つと考えるべきものである．

　E. D. Enger ら[8]は科学的方法論には表1.1のような段階があるとしている．まず重要なことは科学には領域があり，それぞれの専門領域毎に問題の範囲を限定し，独自の方法論を持ち込んで探求していくということである．その際答えられそうな問題だけを研究の対象とする．対象となる問題に対して研究者はあらゆる方向から情報を収集し，一つの仮の答えを導き出す．これが仮説である．想定される答えの範囲は一般に無限の広がりを持つことにはなるが，仮説は可能な限り多くの条件を想定し，あらゆる角度から実験あるいは調査などの方法を駆使して検証していくことになる．仮説が設定された範囲の中で常に否定されない時初めて仮説は一つの理論として受け入れら

1. 健康・スポーツ科学とは何か

表 1.1 科学的方法論の段階

科学的方法論の段階	行動
1. 観察	何が起こったかを認知し，繰り返し起こることを確認する．経験や観察から得られる事実．
2. 問題の設定	観察した事実に関する疑問を書き出し，答え得るだろうことだけを残す．
3. 情報を集める	図書館に行ったり，問題に対する情報を得るために他の人と討論する．
4. 仮説の形成	疑問に対する可能な解答を提示するが，解答が誤りであるかもしれないことは認識しておく．
5. 実験	対照群と実験群を用いて仮説を検証するための実験を設定する．
6. 理論の形成	得られた知見を長い期間かけて他のものと関連させながら実験を繰り返す．結果が常に仮説を支持するならば，仮説は理論として受け入れられるだろう．
7. 法則の形成	多くの研究結果を総合して広く応用可能な一般原則を形成する．

(E. D. Enger ら [8] から改変)

れることになる．この時注意すべきことは，特殊な研究領域を除いては一般に仮説は証明されたわけでないということである．単に想定された範囲の中で無矛盾であっただけである．そうした理論が体系化される中で法則が発見されることになる．ひとたび法則が発見されれば検証されなかった範囲で起こる事象についてもわれわれは予測が可能となる．これが科学的方法論の優れた点であると考えられる．

1.2 直観的方法論

ここで冒頭の問いをもう一度考えてみることにする．我々は日常生活の中で発する問題をどのくらい科学的な方法論に基づいて解決していこうとしているのであろうか．

たとえば車を購入する時のことを考えてみることにする．選択肢に挙げられる車の燃費，空力特性あるいは居住性などを項目に適当な重み付けをして最高点となる車を購入するというのは完全に科学的な方法論に基づくものである．しかし，実際にはこのような方法で車を選ぶ人はまれであろう．たいていかっこいいとか今はやりだとか，言葉にするとあいまいなあるいは言

1.2 直観的方法論

葉にできない判断基準にしたがって選んでいるはずである．これは科学者でもあてはまることがある．Hubert L. Dreyfus と Stuart E. Dreyfus の共著 "Mind over machine"（邦題「純粋人工知能批判」椋木直子訳[6]）の一部分を紹介することにする．スチュアートは創生期のデジタル・コンピュータやオペレーションズ・リサーチの研究者である．

(前略) そんな時，スチュアートはもっぱら車の買い替えを例にとって説明する．これから30年間，車を乗りつづけるとして，何度くらい車を買い替えることになるだろうか？デジタル・コンピュータを使えば，簡単に答えがでる．古くなった車を維持する費用と新車を買う費用を見積もり，安全性や減価償却や快適さなどの要因も加えて，それぞれに適当なウエートをつけてやれば，あとはコンピュータが最適な買い替えのタイミングをはじき出してくれる．さまざまな要因について必要なデータと相対的ウエートをプログラミングすれば，そこから先は要するに計算だけの問題になる．

ある晩のカクテルパーティで，スチュアートはお決まりの質問にお決まりの答えをすると，いつにないことが起きた．普通なら，質問者はスチュアートに礼をいって，もっとわかりやすい話題を求めてどこかへいってしまうのだか，この晩の質問者はなにげなく「なるほど．では，ご自分が車を買い替えるときもそうなさるわけですな」と聞いてきた．スチュアートは「とんでもない」とあっさり答えた．「いまの話はあくまでも，形式化の一例です．車を買い替えることは私にとって重大なことですから，数学的モデルにまかせてはおけませんよ．しばらくあれこれ考えて，やはり替えどきだと感じたら買い替えるんです」

次の日，スチュアートは前の晩のやりとりが気にかかりはじめた．自分の私生活で使おうとも思わないような意思決定手法を，軍やビジネスや行政のトップに勧めるのは正しいことだろうか？自作の車買い替えモデルよりも自分自身の直観を信じるのは，なぜだろうか？

日常生活の中で発する問題に対して我々がなんらかの方法論によって答えを導き出すが，その時自分が下した判断がどのような過程でなされたかを明確に言語化することが困難な場合が多い．人は必ずしも科学的な方法論だけで問題解決をするものではない．そのような方法論はもちろん非科学的な方法論なのだが，何を根拠に我々はそれを信じるのであろうか．

　ある占星術者が何年何月何日にどこそこで地震が発生すると予言したとしよう．少数の例外を除いて大半の人は信じはしないであろう．しかし，これが血液型と性格との相関となると違った結果になるに違いない．かなりの人が血液型と性格との間に相関関係を認めるはずである．そしてそう認める人になぜそのようなことを信じるのかと問えば，これまで自分が関わったことのある人の例を出すことであろう．我々人間は何の因果関係も想定できないような事象であっても事象の間で遭遇する経験を積むことによってその相関関係を認めるものらしい．このような行為もやはり知的行為のひとつとして認められるものであろう．それは確かに科学的な方法論に基づくものではなく，直観に基づく方法論なのである．

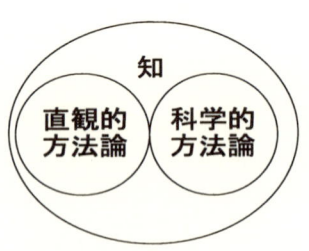

図 1.1 知的行為の方法論

　我々が健康やスポーツに関わる問題を時として直観に頼ろうとするのは科学的方法論に習熟していないという理由だけではない．そもそも健康やスポーツに関わる問題を純粋に科学の領域で扱うにはいくつかの困難を伴うと考えられる．健康科学を例にその困難性について議論してみたい．

1.3 健康科学の困難性

健康に関わる問題に科学的な方法論を持ち込むことの困難性には以下の三つの事が挙げられるだろう.
- 健康をどう定義するか
- 生体の非線形性
- 応用科学の位置付け

まず,健康をどう定義するかという問題である. 世界保健機構 (World Health Organization; WHO) による健康の定義を見てみよう.

"Health is a state of complete physical, mental and social well-being and not merely the absence of disease or infirmity."

世界保健機構の定義は,従来健康とは病気でないという考え方から一歩進んで心理的あるいは社会的な状態を含んだことが画期的であるといえる. しかし,この定義に関してはすぐに反論が出る. 池上[16]によれば

一見健康な人に各種の医学検査をしてみると,多くの場合何らかの異常所見や潜在的疾患が発見される. (…中略…),まして精神面や社会生活の面も含めて WHO の定義を満足する人を探してみると,健康といえる人は例外的な存在になってしまうのではないだろうか.

健康についてその身体的な側面を重視する考え方は自然な発想であろう. 松原[30]によれば

健康を生理学的な言葉で表現するならば,クロード・ベルナールのいうように「内部環境の恒常性」ということになる.

となるし,また,緒方[46]は

> 各種健康診断は健康状態を調べる代表的なものであるが,これは疾病や心身の異常の有無を調べるものであって,必ずしも健康の程度(健康度)をみているのではない.一方,体力特に行動体力は,個人の能力として測定,数値化することが可能であり,健康度を示す尺度の一つになりうる.

と述べている.

これとは対照的に精神的な側面を強調する研究者もいる.豊川[10]は

> WHO 憲章の定義にしたがうと,病人は最後まで病人ではあるが,こころの時代の定義にしたがうと,病人といえども健康な病人になれる.健康な老人,健康なガン末期患者,健康なホスピスの人々,といった状態ができる.(…中略…)不健康者が健康者になるということは,病巣が完全になくなるとか,症状が完全に消えてなくなることではなく,そのような身体的・精神的,かつまた社会的ハンディキャップが残っていても,ヘレン・ケラー女史のように,真摯に生きようとする身体障害者のように,前向きの生き方をするようになれば,その人は健康な状態にいると評価すべきであろう.

と述べている.森本[35]は折衷的な提案で

> 現代における健康の捉え方は多様である.たとえば,「客観的な健康」或いは「主観的な健康」との分類がよく行われ,前者の客観的な健康の指標としては,科学に支えられる身体的な健康に係わる臨床検査値や,心理学的な幾つかの客観的指標が考えられる.また,一方で主観的な指標としては生活の満足度や,いわゆる Quality of Life などがよく用いられている所である.

としている.

1.3 健康科学の困難性

結局 100 人の研究者がいれば 100 とおりの健康の定義が出てきてもおかしくない状況なのである．厳密な科学的手法に耐えうるだけの健康の定義をすること自体が一つの困難性を有することになる．

二つめの問題は生体の非線形性である．生体は常に外界からの刺激に反応して内部環境の恒常性を維持しようとする．これを図 1.2 のように今関数の形で表現することにする．a という刺激に対する反応は $f(a)$ と表現される．生体に入力される刺激は一般に単純ではなく複数の要因からなり，その反応も極めて複雑となる．このような場合自然科学は一般に要因を単純化し，検討することになる．単純な刺激からは単純な反応が返ってくることが予想されるからだ．そして多くの単純な刺激の結果を統合して複雑な事象を明らかにしていこうとする．このような方法論を要素還元主義という．このようなアプローチが可能である前提としてシステムが線形である必要がある．しかし，我々の体は一般に刺激に対する応答が非線形であることが知られている．a という刺激に対する反応 $f(a)$ と，b という刺激に対する反応 $f(b)$ とがある時，a と b が同時に刺激された時の反応 $f(a+b)$ が必ずしも反応 $f(a)$ および反応 $f(b)$ の単純な和にはならないということである．したがって，生体のシステムの挙動を予測することは簡単ではない．

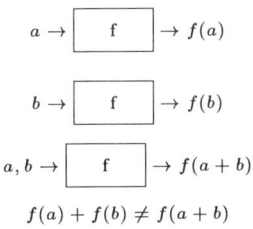

図 1.2 非線形性

三つめの問題は応用科学としての位置付けである．健康科学は実践を旨とする応用科学である．ではその内容はどのようなものであるのだろうか．大島によると健康科学は周辺に多くの諸科学を従える総合科学としてとらえられる．このような総合科学は実質的に独自の方法論を持つことは難しい．し

たがって，健康科学は周辺に多くの諸科学の方法論を用いて達成されることになるが，二つの分野の境界領域の分野だけでも多くの困難性を有するものがさらに多くの諸科学を統合して現象を明らかにしていくことはほとんど現実的には実施が困難である．そして周辺の諸科学を基礎において応用科学として位置付けようとするとその不安定さが露呈されることになる．実践に重きを置けば科学としての厳密性が低くなるし，厳密性を優先させると実践から遊離してどんどん基礎科学の方へと近づき，健康科学としての独自性が揺らぐことになる．

1.4　健康・スポーツ科学へのアプローチ

前節で健康科学の困難性について議論した．むろんスポーツ科学も同様のあるいはもっとも深遠な困難性を有している．このような健康・スポーツ科学に対して概論的なアプローチは困難である．本節においては，健康科学とスポーツ科学が共通に対象とすると考えられる問題領域の中で身体的な側面に限ってアプローチしていく．その際一つは運動生理学によるアプローチともう一つはそれとは異なる原理に基づく方法論でアプローチしていく．

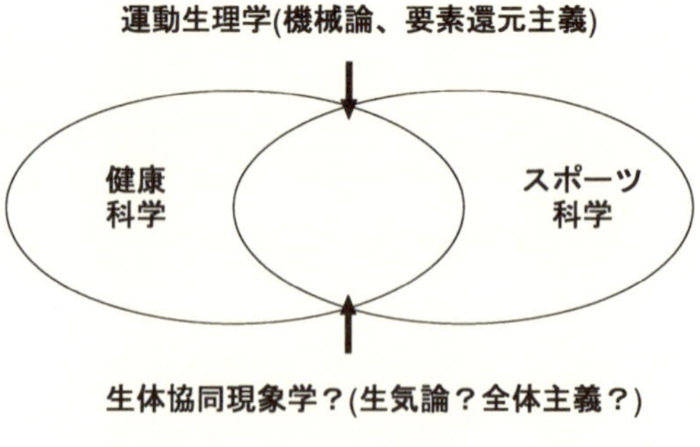

運動生理学(機械論、要素還元主義)

健康科学　　スポーツ科学

生体協同現象学？(生気論？全体主義？)

図 1.3　健康・スポーツ科学へのアプローチ

前者は第 2 章で示されるが，その基本原理は機械論であり，要素還元主義に基づく方法論である．

後者については残念ながら確立した学問分野ではなく，その方法論もあいまいである．機械論とは対峙することからある意味で生気論的であり，要素還元主義ではなく全体主義と呼ばれるものになるだろう．このようなアプローチは現在複雑系と呼ばれる範疇に含まれるものかもしれないが，ここではとりあえず生体協同現象学と呼んでおく．その具体的な意味づけについては第3章で扱う．

2

運動生理学によるヒトの理解

19世紀の生理学者クロード・ベルナールは細胞とそれを充たす血液およびリンパを内部環境と名付け、それ以外の外部環境が変化しても内部環境の恒常性が維持されていることが生物の生存に極めて重要であることを見出した．20世紀に入りウォルター・キャノンは、この内部環境の恒常性が維持されている状態をホメオスタシスと呼んだ．日本語では生体恒常性などと訳されている．運動生理学はその親学問である生理学同様、生体を物質からなる機械とみなす機械論の立場をとっている．そして生体恒常性の維持は負のフィードバックにより成立すると考えている．その意味で工学的な自動制御の理論を当てはめることができるようになる．この考え方は生理学的な諸変数の平均的な振舞いを見る限り、かなりうまく生体の現象を説明することができる．

2.1 脳・神経系

2.1.1 脳・神経系の分類

脳・神経系は生体の恒常性を維持していく上で中心的な役割をになっており、外界からの刺激を感知し、適切な調節を行うため、制御対象となる効果器に信号を送る．効果器からはその情報がまた、脳・神経系に伝えられる．

脳・神経系は何らかの情報処理を行い指令を送る中枢神経系と中枢神経系から効果器へと、また、効果器からの情報伝達を行う末梢神経系に分類される．

中枢神経系はさらに大脳、間脳、中脳、橋、小脳、延髄および脊髄に分類

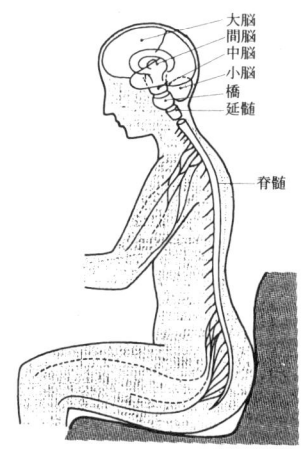

図 2.1 中枢神経系 (中野, 1981[41]) より改変)

される (図 2.1). 中枢神経系のうち脊髄を除く部分を一般に脳と呼んでいる．また，間脳，中脳，橋および延髄を総称して脳幹と呼ぶ．小脳を除き解剖学的に上位に位置する脳が機能的にも高度な情報処理を受け持っている．

末梢神経系はさらに随意意思に関わる動物的な機能を実現する体性神経系と随意意思には関わらない植物的な機能を実現する自律神経系に分けられる．両神経系とも中枢から末梢へ信号を送る線維を遠心性神経，逆に末梢から中枢に信号を送る線維を求心性神経と呼ぶ．体性神経系の遠心性神経は運動神経とも呼ばれる．また，体性神経系の求心性神経は感覚神経あるいは知覚神経と呼ばれる．体性神経系の接続経路は比較的よく知られているが，自律神経系の方は現在でも不明なことが多い．

神経線維はその伝導速度と直径の二つの観点から分類されている (表 2.1). 運動神経に対しては伝導速度による分類が用いられ，感覚神経に対しては直径による分類が用いられることが多い．

2.1.2 ニューロン

脳・神経系は数十種類の細胞で構成されているが，その基本構造はほぼ同じである．この脳・神経系を構成する基本構造をニューロン (神経単位) と呼

表 2.1 神経線維の分類 (橋本, 1987[13])

伝導速度による分類	直径による分類		伝導速度	髄鞘	直径	末梢神経の種類
A	α	I_a I_b	5〜120 m/sec	有髄	12〜20μ	運動神経,筋,腱の感覚神経 皮膚の感覚神経
	β	II			6〜12μ	皮膚の感覚神経 筋紡錘の運動神経と感覚神経
	γ					
	δ	III			1〜6μ	皮膚の感覚神経
B			3〜15 m/sec		3μ	自律神経節前線維
C		IV	0.6〜2 m/sec	無髄	0.4〜1.2μ	痛覚を伝える感覚神経

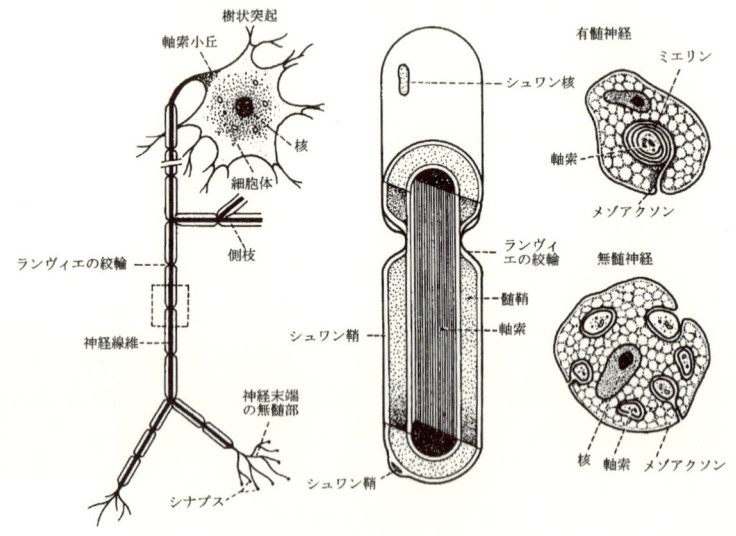

図 2.2 ニューロン (中野, 1981[41])

ぶ.図 2.2 にあるようにニューロンには木の枝のように分岐した樹状突起が多数存在する.軸索小丘と呼ばれる場所からは樹状突起とは異なる軸索が 1 本伸びている.この軸索は幾重にも分岐し,その先端部分は多くの場合シナプスという袋状の組織を形成する.このシナプスが別のニューロンの樹状突起と結合してネットワークを形成する.軸索の周りには鞘のような部分があ

り，これが一種の絶縁体のような役割を持つと同時にそこからエネルギーが供給される．有髄神経の場合は鞘に1本の軸索しかないが，無髄神経の場合は数本の軸索が同居している．このため無髄神経の軸索に信号が流れるとその情報が近くにある軸索にも伝播してしまう．

ニューロン間の情報伝達は軸索上にスパイク上の活動電位が伝播することで成立する(図2.3)．決して軸索に電流が流れるような形はとらない．軸索の膜の内外でナトリウムイオンやカリウムイオンが移動することになり，エネルギーの供給が必要となる．そのかわり伝播する活動電位の大きさは変わらない．

ひとつのニューロンがシナプスを介して別のニューロンと結合する数は数千から数万といわれている．つまりニューロンは数千から数万の入力に対して電位を発生するかしないかという情報処理をしているに過ぎない．これを全か無かの法則と呼んでいる．このことは0と1の2進数で計算するコンピュータにおける情報処理と本質的に同等である．

ニューロンの数は大脳の表面の皮質と呼ばれる部分だけでもおよそ 10^{10} 個存在するといわれている．この数は現代のマイクロコンピュータが扱う記憶容量と比較するとそれほど多い数ではない．ニューロンは新陳代謝をしな

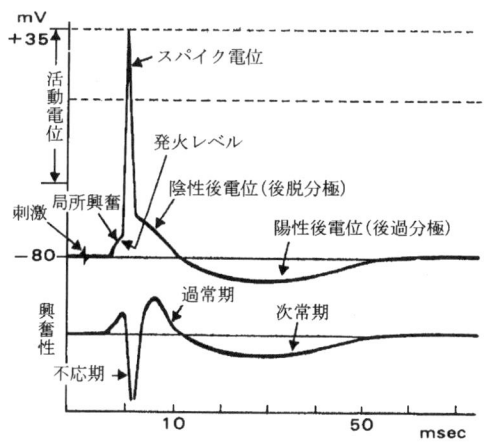

図 2.3　活動電位 (中野, 1981[41])

い細胞であり，軸索は再生可能であるが，細胞体の部分はいったん死んでしまうと二度と再生しない．しかもニューロンは壊れやすく，1日あたり数百から数千程度壊れていると考えられている．

軸索における情報伝達は電位の伝播であるのでかなり高速であるが，最終的な情報伝達はシナプスにおいて神経伝達物質を別のニューロンに放出することでなされる．この過程は物質的な拡散であり，数ミリ秒の時間がかかる．

脳はマイクロコンピュータに比べると限られた記憶容量でかつかなり遅い演算能力で情報処理していることになる．このため脳は情報処理の単位をうまく分割し，並列分散処理をしていると考えられているが，その計算原理はよくわかっていない．

図2.4はブロードマンの地図として知られる脳における情報処理の分割の一例である．これらの知見は主に脳外科の手術中に得られたものが多い．視覚や聴覚などの感覚器から得られた情報は後頭部や側頭部にある視覚野や聴覚野で一次処理された後，知覚や判断などのより高度な情報処理が行われる．

大脳皮質のほぼ中央に中心溝と呼ばれる部分があり，その顔面側に近い部分には運動野がある．ここから末梢の骨格筋への指令が発せられる．中心溝をはさんで反対側には体性感覚野がある．ここは末梢の各部位からの情報が

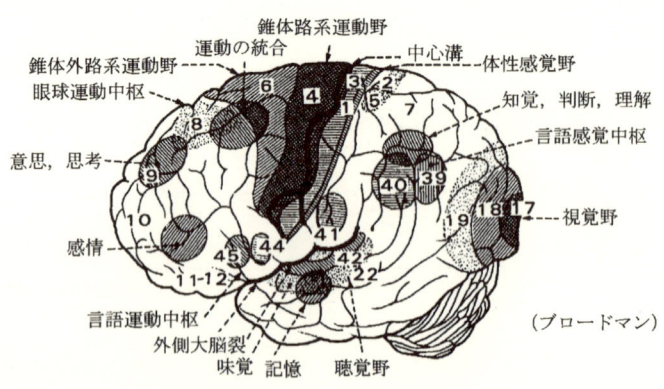

図 2.4　機能の局在 (中野, 1981[41])

フィードバックされる.

ニューロンの情報処理は基本的にコンピュータと同様デジタルな信号処理をしているが，その記憶様式はかなり異なると考えられている．例えば自分の母親の情報がコンピュータと同様にある特定のニューロンに記録されているとすると，もしそのニューロンだけが損傷したときには母親の記憶だけがなくなるということが起こるはずである．しかし，現実の我々の記憶にそのようなことが起こることは考えにくい．ニューロンのネットワーク的な結合の中に情報が分散して格納していると考えるのが妥当であるが，具体的なモデルについてはまだ十分な理解がなされていない.

ニューロンは出生の時点から減少を続けていると考えられるが，脳の機能は減少を続けながらも発達する．これは脳の機能がニューロンのネットワークの結合形態の発達によってもたらされるからである．この発達の過程は完全に試行錯誤であるとされている (図 2.6)．ニューロンはまず四方八方に軸索を伸ばし，シナプスを形成して別のニューロンと結合しようとする．その後頻繁に信号がとおる軸索は残るが，あまり信号がとおらない軸索は消滅してしまう．さらにどこからも他のニューロンから情報を受け取らないニューロンも最終的には消滅してしまう．このような過程を選択的安定化と呼んでいる．脳は情報処理のソフトウェアだけでなくハードウェアの構成までも自

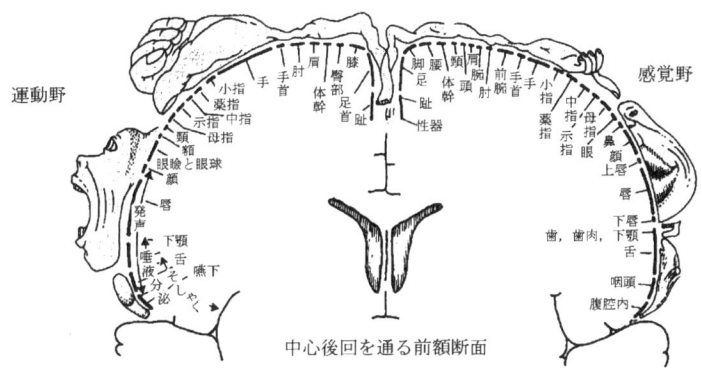

図 2.5　体性神経系の機能分担 (中野, 1981[41])

身で柔軟に変更することで高速な情報処理を実現している.

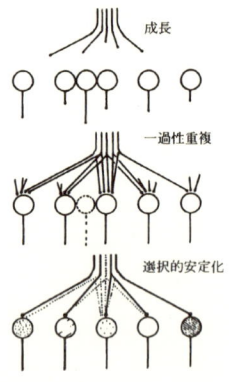

図 2.6 選択的安定化 (飯沼, 1989[15])

2.1.3 体性神経系による制御

体性神経系の制御のメカニズムは制御工学的にも考えやすい構造をしている. 必要な指令はすべて中枢によって設計され, 大脳皮質の運動野から順次指令が伝搬され, 最終的に脊髄を介して効果器である筋に指令が伝えられる. その指令に基づいて筋の収縮が起こり, その収縮速度や伸長度が感覚神経を通じて中枢にフィードバックされる (図 2.7).

大脳皮質の運動野から発せられる指令は脊髄の錐体路をとおるものとそうでないものがある. 錐体路を通らない経路は途中で小脳と情報の交換を行うが, ここではより具体的なプログラム化された指令に展開されているらしい. この過程は小脳パーセプトロンモデルとして知られている. 情報処理機能としての学習モデルと解剖学的な対応関係がはっきりしているだけでなく, その動作機構に関しても実験的な検証がなされている.

大脳皮質における意志や判断といった高次の情報処理以外の脳と脊髄による制御を反射と呼んでいる. 反射は脳の各階層に存在し, より高位の中枢からの指令に対しては基本的に反射が抑制される.

体性神経系による制御は全て随意意志によって行われているわけではなく,

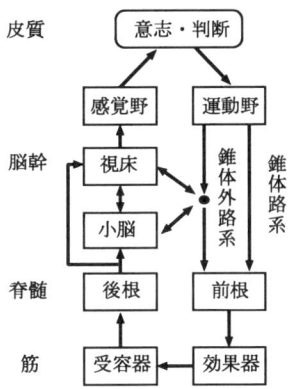

図 2.7 体性神経系の制御の概念図

表 2.2 姿勢反射

反 射	反 応	中 枢
伸張反射	筋が収縮する	脊髄, 延髄
持続性迷路反射	伸筋の固縮	延髄
迷路による立ち直り反射	頭部を水平に保つ	中脳
頚による立ち直り反射	まず胸郭, 肩ついで骨盤を立て直す	中脳
視覚による立ち直り反射	頭部を立て直す	大脳皮質

　無意識下で行われる制御も多い．その中でも重要な制御に姿勢反射がある．姿勢反射は単一の反射をさすのではなく，姿勢保持に関わる多数の反射の集合である．表 2.2 にはその例を示した．

　例えばネコの両足を持って逆さにして落下させると，ネコは幾つかの姿勢反射を使ってきちんと地面に着地する．これはまず頭内にある耳石という器官で重力方向を感知し，まず頭部を立て直そうとする．つぎに頭部と体幹にねじれが生じるのでこれを正そうとする．そして最後に着地時にしっかりとショックに耐える．これら一連の動作を反射を組み合わせることで行っている．ヒトの場合は姿勢の保持に視覚情報による大脳皮質での反射が使われる場合が多い．しかし，ヒトの場合でも体操選手のように視覚による重力方向の検知ができない状態で姿勢を保持しなければならないような刺激を続けていると，より下位の脳での反射を使うことができるようになる．スポーツ技術の習得は反復的な刺激により下位の脳の反射をうまく使えるようになるこ

とでいわゆる"人間離れした"動きを獲得することができるようになるのであろう.

2.1.4 自律神経系による制御

自律神経系は体性神経系とは異なり,幾つかの例外はあるが効果器に対して基本的に相反する指令を出す二つの神経系が同時に信号を送っている.一つが交感神経系であり,もう一つが副交感神経系である.

交感神経系と副交感神経系はちょうどアクセルとブレーキのように相反する指令を出すが,その解釈は効果器によって異なる.例えば心臓に対して交感神経系はアクセルの役割を担うが,消化器に対してはブレーキとして働く.

車を運転する時にはアクセルとブレーキを同時に踏むことはないが,自律神経系の制御では常に交感神経系と副交感神経系の両者が信号を送り続けている.しかもその効果は一般に非線形である.例えば交感神経系活動が亢進している時には副交感神経系活動の小さな変化が効果器に対して大きな変動をもたらす.逆に交感神経系活動が抑制されている時には副交感神経系活動が大きく変化しても効果の変動は少ない.このことは交感神経系と副交感神経系の関係を逆にしても成り立つ.ただし,一般に交感神経系と副交感神経系の応答は相反すると考えられており,交感神経系活動が亢進すれば,副交感神経系活動は抑制され,逆に副交感神経系活動が亢進すれば,交感神経系活動は抑制される.

副交感神経系は比較的効果器に直接神経が接続しているが,交感神経系は脊髄を経て星状神経節を介して効果器に接続している.この星状神経節では他の交感神経系からの情報が交換されるため一つの交感神経系からの出力が他の交感神経系にも影響を与える.したがって,副交感神経系活動は局所的な影響しか及ぼさないが,交感神経系活動は全身的な反応を引き起こす.

2.1.5 内分泌系による制御

体性神経系と自律神経系による制御は電気的な信号を用いて生体を制御する.これとは別に化学物質を用いて生体を制御する系がある.それが内分泌系である.

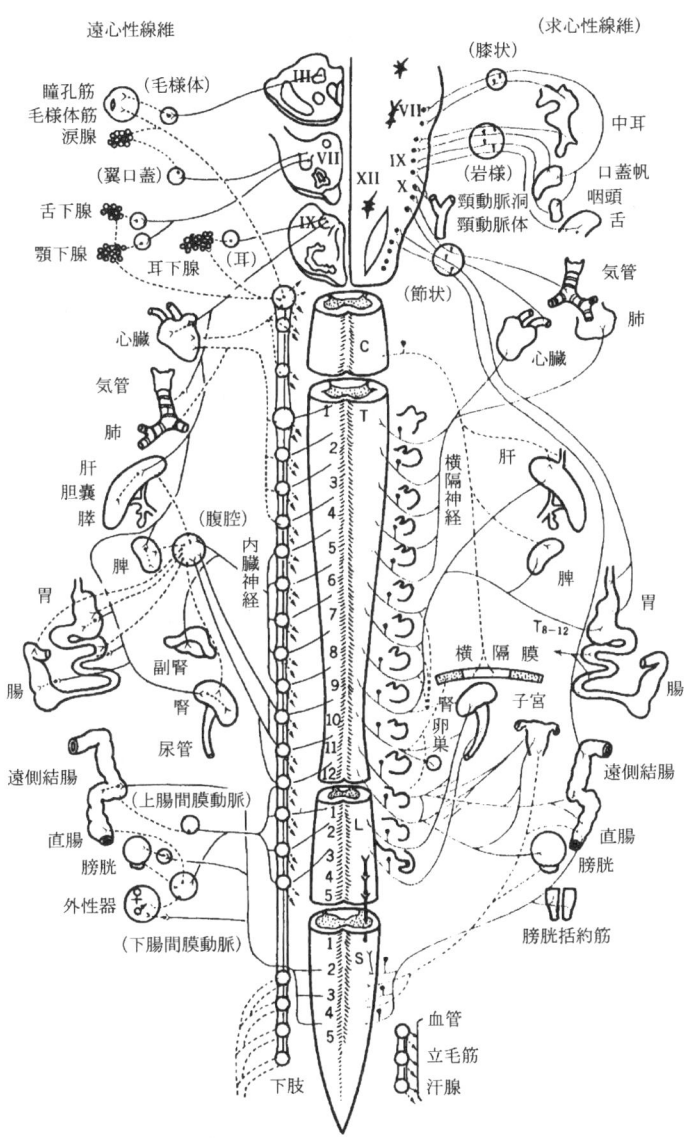

図 2.8 自律神経系による制御 (真島,1986[29])

内分泌系は内分泌細胞からなる内分泌腺という器官を形成し，血液中に化学物質を放出して標的となる細胞の代謝を調節する系である．内分泌腺から放出される化学物質をホルモンと呼ぶ．

ホルモンには以下の四つの特徴がある．
- 内分泌腺で産生・貯蔵され，刺激に応じて血液中に放出される．
- 血液を介して運搬される．
- 標的細胞を持つ．標的細胞にはホルモンの受容体がある．
- 標的細胞の代謝反応の直接反応物質になるわけではなく，触媒作用によって反応を促進あるいは抑制を行う．

神経系による制御は標的となる組織あるいは器官に対して直接信号を送って制御を行う．これはちょうど電話を使って通信している状態に似ている．これに対して内分泌系はホルモンを血液中に放出し，標的となる細胞がその情報を受け取って制御がなされる．これはちょうど新聞によって情報を得ていることに似ている．このため短期間の調節には神経系が使われ，長期間の適応あるいは成長などに関しては内分泌系が使われる．ホルモンは情報の伝達のために使われるので，役目をおえたら消滅する必要がある．したがって，ホルモンは全てある期間が経つと分解する性質を持つ．

2.2 骨と骨格筋

2.2.1 骨

骨格は体を構成する基本構造であり，大小約 200 種類の骨からなる．成人男性では総重量が約 1kg である．

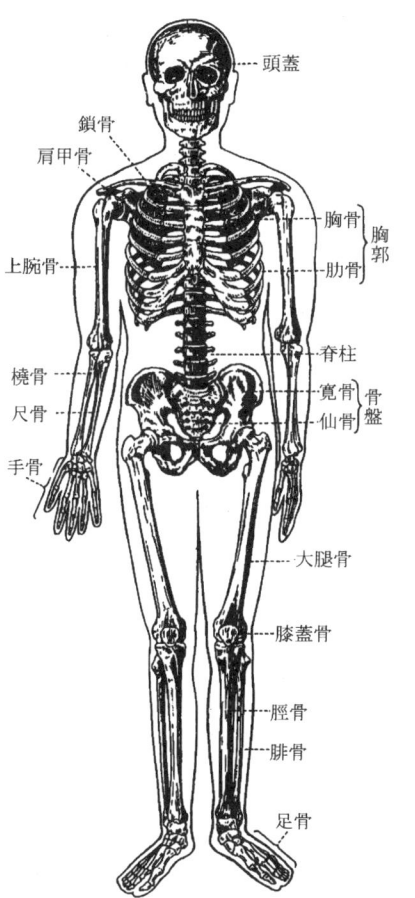

図 2.9 骨格の全景 (中井，1984[40])

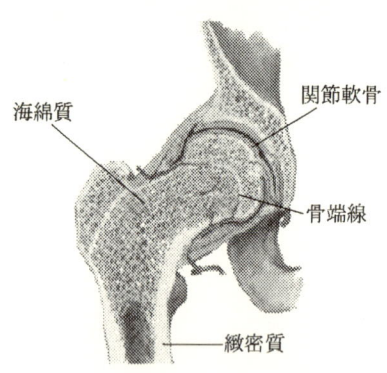

図 2.10　骨の構造 (Netter, 1998[43])

　骨は平板な頭蓋骨や細長い大腿骨などさまざまな形態をしているが，その基本構造は同じである (図 2.10)．

　骨の表面は薄い骨膜で構成されており，その内側には骨細胞が密に集積した緻密質がある．さらに内側にはスポンジ状の海綿質がある．この海綿質の部分には骨髄と呼ばれる網状の細胞組織があって，造血作用をしている．乳児の段階ではほとんどの骨に造血作用が認められるが，加齢とともに造血作用が残る骨は限られてくる．骨は最少材料で最強強度が得られるような構造をとっており，しかも軽量である．

　骨は成長と成熟を繰り返して発達する．この過程を骨化と呼んでいる．初期の骨は軟骨だけでできている．まず中心部が骨化し，徐々に両端へと骨化する．軟骨質の部分だけが成長し，骨化した部分は成長はしない．ある程度骨化が進行すると，関節に近い部分からも骨化が起こる．最終的に中心部と融合して骨化が完了する．しかし，関節を構成する骨の先端部分は最後まで軟骨のままである．

　脊柱は一般に背骨と呼んでいる部分である．脊柱は椎骨と呼ばれる円筒形の骨が積み重なった構造をしている (図 2.11)．脊柱は横方向から見ると S 字状に湾曲しており，腰のあたりで屈曲率は最大となる．この全体構造が一種の衝撃緩衝作用を持つことになる．また，椎骨と椎骨の間には椎間板と呼ばれる組織があり，この部分でも衝撃緩衝作用があるので歩行や走行にともな

う外力による頭部への衝撃が緩和される．脊柱は腹直筋と背筋群が引っ張り合うことで起立している．したがって，解剖学的に脊柱は前方向に倒れやすい構造になっている．各椎骨と椎骨の間からは脊柱の後方に向かって末梢神経が伸びている．脊柱が不安定になるとこの末梢神経が引っ張られることになり，腰痛の一つの原因となる．

　単位断面積あたりにカルシウムなどの骨塩の含まれる量を骨密度と呼ぶ．発育期には骨化にともなって骨密度は増加していく．骨の成長はほぼ10歳代後半で終了するが，骨密度からみた骨の成熟はほぼ30歳でピークを迎える．その後は加齢とともに減少していく．女性は男性に比べると各年代でいずれも骨密度が低く，月経閉塞以降は特にその減少量が増大する．重力方向にかかる力に対して骨はその断面積で耐えることになる．体重は体積にほぼ比例するので物理的には3次元であり，断面積は2次元であるから，大動物

図 2.11　脊柱 (Netter, 1998[43])

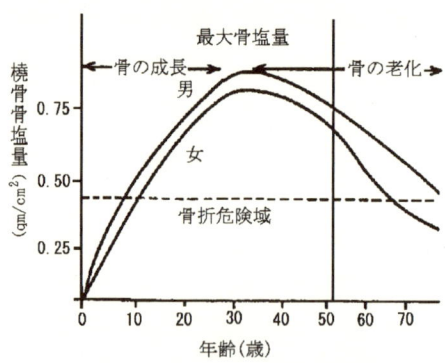

図 2.12　加齢に伴う骨塩量の変化 (七五三木, 1994[55])

の四肢の骨は小動物に比べ太くなる．加齢にともない体重は一般に増加するので，骨密度の低下とともに骨折の危険性は増加する．

骨はきわめて新陳代謝が活発な組織であり，1日あたりでも相当量のカルシウムが骨の中を出入りしている．骨の成長あるいは成熟には骨にかかる力学的な負荷が重要であると考えられている．バレーボールやバスケットボールのように頻繁に下肢の骨に力学的負荷がかかっていると考えられるスポーツ選手では普通の人に比べ骨密度が高いといわれている．また，宇宙空間のように全く重力負荷を受けない環境に長期滞在していると著しい骨密度の低下が起こる．

2.2.2　関節

骨と骨が接合している部分が関節である．多くの身体運動はこの関節を支点にして筋が骨を引っ張ることで成立している．この時身体の動きを解剖学では特有の呼称を用いる．単純な曲げ・伸ばしという運動はそれぞれ屈曲・伸展と呼ぶ．腕や脚を体の中心部から遠方に向かって動かす動きを外転と呼び，逆に遠方から中心部に向かう動きを内転と呼ぶ．掌を上に向けた状態から捻って下に向ける動きを回内と呼び，逆に下に向けた状態から上に向ける動作を回外と呼ぶ．

関節は運動が起こる場合の作用点となるので，大きな力がかかりやすい．

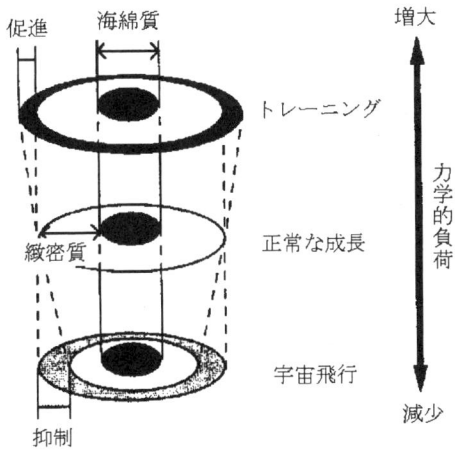

図 2.13 力学的負荷と緻密質 (七五三木, 1994[55])

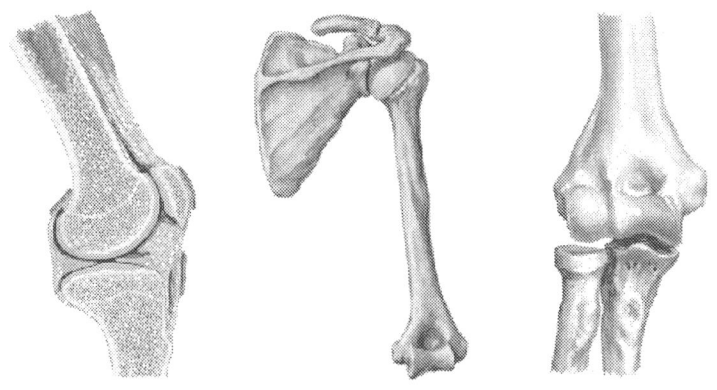

図 2.14 関節 (Netter, 1998[43])

関節はその自由度とかかる力に応じてさまざまな形状をとる．図 2.14 左は膝関節であり，蝶番型の構造をしている．このタイプは伸展や屈曲などの動作に対してはよく耐える構造であるが，回内や回外などの捻りの動きには弱い．図 2.14 真中は肩関節であり，球状の関節である．このタイプは関節の自由度は大きいが，外力に対して耐えにくい構造である．図 2.14 右は肘関節であり，車軸のような形状をしている．このような形状により膝関節とは異

なり，回内や回外などの捻りの動きが容易である．自由度が大きい分伸展や屈曲時に大きな外力には耐えにくい．

2.2.3 骨格筋

　筋はその機能から骨格筋，心筋および平滑筋に分類される．骨格筋はその名のとおり骨について収縮することで体の動きを生み出す．骨格筋にはその表面にきれいな横紋があり，われわれの随意意志によって運動が発現する．平滑筋は血管や消化器などを構成し，随意意志によって制御することはできない．骨格筋に比べると収縮要素が少なく，横紋は認められない．心筋は心臓を構成する筋である．骨格筋同様に表面に横紋があり，収縮力は骨格筋とあまりかわらないが，平滑筋同様随意意志で制御することはできない．

　図 2.15 は対表面に近い部分に存在する骨格筋の全景である．

　解剖学では骨格筋をその形態から分類する．骨格筋は収縮要素である筋線維と呼ばれる部分と腱と呼ばれる支持組織からなる．その表面は筋膜という薄い膜に覆われている．骨格筋が骨に結合している部分は，体の中心に近い方を起始部と呼び，遠い方を停止部と呼ぶ．

　生体の中で最も多いのが紡錘の形をした紡錘状筋である．紡錘状筋は収縮した時に筋長が大きく変化するので主に腕や足など動きの大きな所にある．中心に腱を持ちそこから鳥の羽のように伸びている形の筋を羽状筋と呼ぶ．羽状筋は紡錘状筋に比べ収縮した時に大きな筋力を発揮するが，筋長の変化は小さい．紡錘状筋は起始部でいくつかに枝分かれをしていることが多い．このような形状を多頭筋という．多頭筋は起始部が枝分かれ構造をとることで収縮した際の筋の短縮方向を安定させる働きがあると考えられる．これとは逆に内部にいくつか腱が走行しているタイプの筋があり，多腹筋と呼んでいる．その代表例に腹直筋がある．筋の中に腱があることで収縮した時に筋全体の硬さが増し，筋への垂直方向への力に耐えやすいような構造になっていると考えられる．

　骨格筋の一部を拡大して見ると筋が緻密な束を持つ構造が見えてくる．これを筋束と呼んでいる．その筋束をさらに拡大して見ると，また，筋束が見えてくる．何回か拡大していくと筋線維と呼ばれる単位になる．これは筋が

2.2 骨と骨格筋

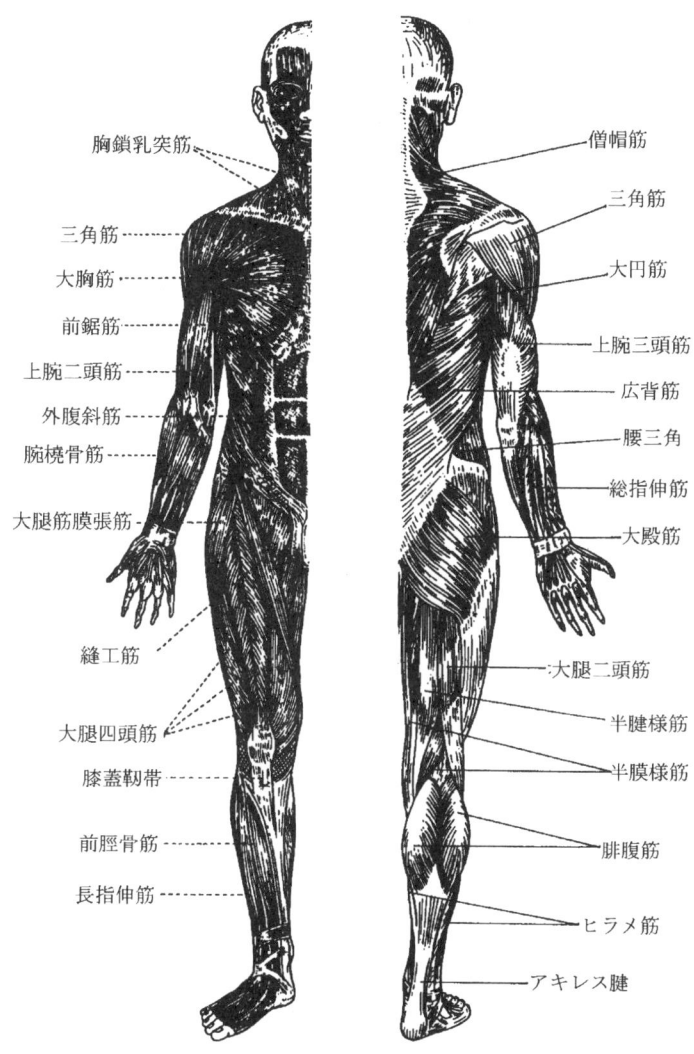

図 2.15 骨格筋の全景 (中井, 1984[40])

収縮する際の最小単位である．この筋線維をさらに拡大して見ると筋原線維という単位が見えてくる．これが筋細胞である．筋細胞は収縮要素が縦に連なった形状をした多核細胞である．個々の収縮要素にはアクチンフィラメン

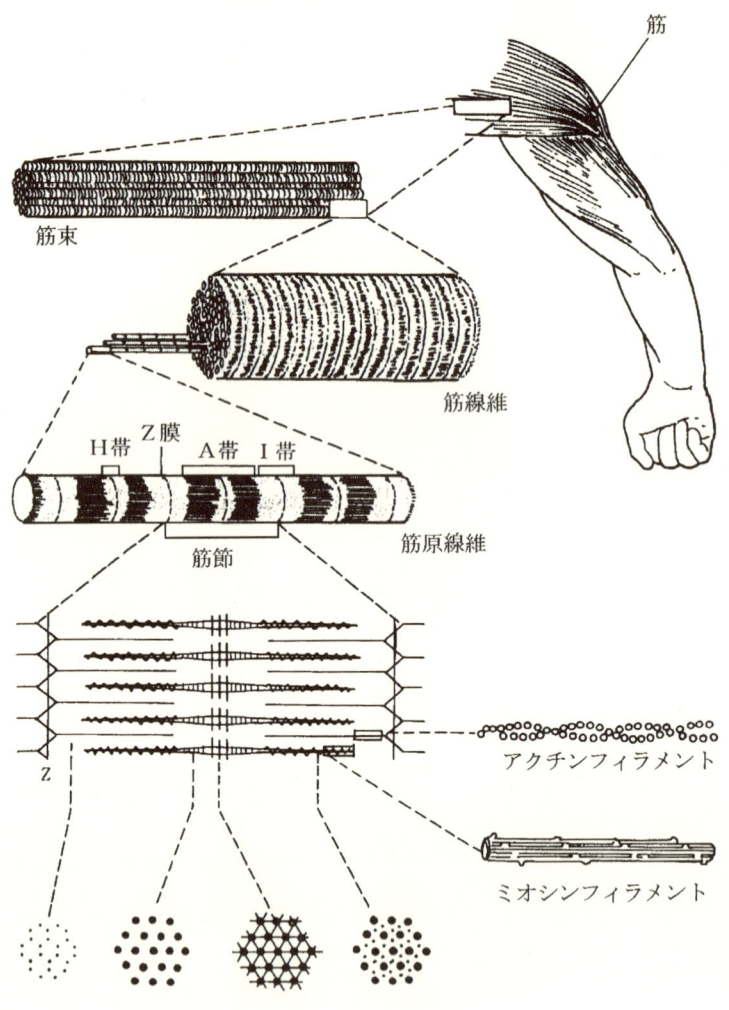

図 2.16 骨格筋の構造 (橋本, 1987[13])

トおよびミオシンフィラメントと呼ばれる収縮蛋白からなる構造があり，立体的な格子構造を持つ．この構造が巨視的に横紋として認められることになる．

ミオシンフィラメントの表面には連結橋と呼ばれる構造があり，アクチンフィラメントと結合することができる．通常静止状態では連結橋の部分にトロポニンという物質が存在してアクチンフィラメントとの結合を阻止している．ニューロンからの指令が骨格筋に伝えられると筋小胞体というところからカルシウムイオンが放出され，筋線維全体に拡散する．このカルシウムの放出によってトロポニンがトロポミオシンに変化し，抑制がとれて骨格筋の収縮が起こる．収縮に必要なエネルギーはアデノシン三燐酸を加水分解して生じる化学的なエネルギーを機械的なエネルギーに変換することでまかなわれる．

1個のニューロンが支配している筋線維の数は1本ではなく，数本から数百本にも及ぶ．大腿四頭筋のように動作が単純で大きな筋力発揮をする筋の場合1個のニューロンが支配する筋線維の数は多く，逆に指先のように筋力発揮は小さいが細かい動きを必要とするところでは支配する筋線維の数は少ない．ニューロンとニューロンが支配している筋線維全体を運動単位と呼ぶ．

筋線維の収縮特性は構成する収縮蛋白の違いにより，さまざまな特性を持つ．大きく分けると1回の収縮で発揮する筋力は大きいが繰り返し収縮させるとすぐに疲労してしまうタイプと，1回に発揮する筋力は小さいが繰り返し収縮しても容易に疲労しないタイプがある．

前者は速筋線維 (Fast Twitch fiber; FT) と呼ばれ，後者は遅筋線維 (Slow Twitch fiber; ST) と呼ばれる．遅筋線維は主に炭水化物と脂質の酸化によってエネルギーを得ており，これに対して速筋線維は糖質の無酸素的解糖が主なエネルギー源である．

速筋線維と遅筋線維を支配するニューロンはそれぞれ特異性を持っている．速筋線維を支配しているニューロンと遅筋線維を支配しているニューロンを実験的に交換すると，それぞれの筋線維は支配しているニューロンの性質に合わせて収縮特性を変えてしまう．筋線維の中には速筋線維と遅筋線維の中間的な特性を持つものがあり，分類上では速筋線維の仲間になるものがある．速筋線維と遅筋線維の収縮特性は固定化されており，外的な刺激によってその特性が変わることはないが，中間的な性質を持つ筋線維は筋力発揮的な刺

激を受けると，収縮特性がより速筋に近づき，逆に持久的な刺激を受けると遅筋線維的な特性を持つようになる．

筋長と発揮筋力との関係をみると筋が静止長つまり生体の中で自然にある状態で収縮時の発揮筋力が最大になると考えられているが，筋長が静止長を超えるとさらに筋力が増大する．これは筋がゴムのような弾性要素を持っているために外力によって伸ばされると弾性力を持つことが影響している．ゴ

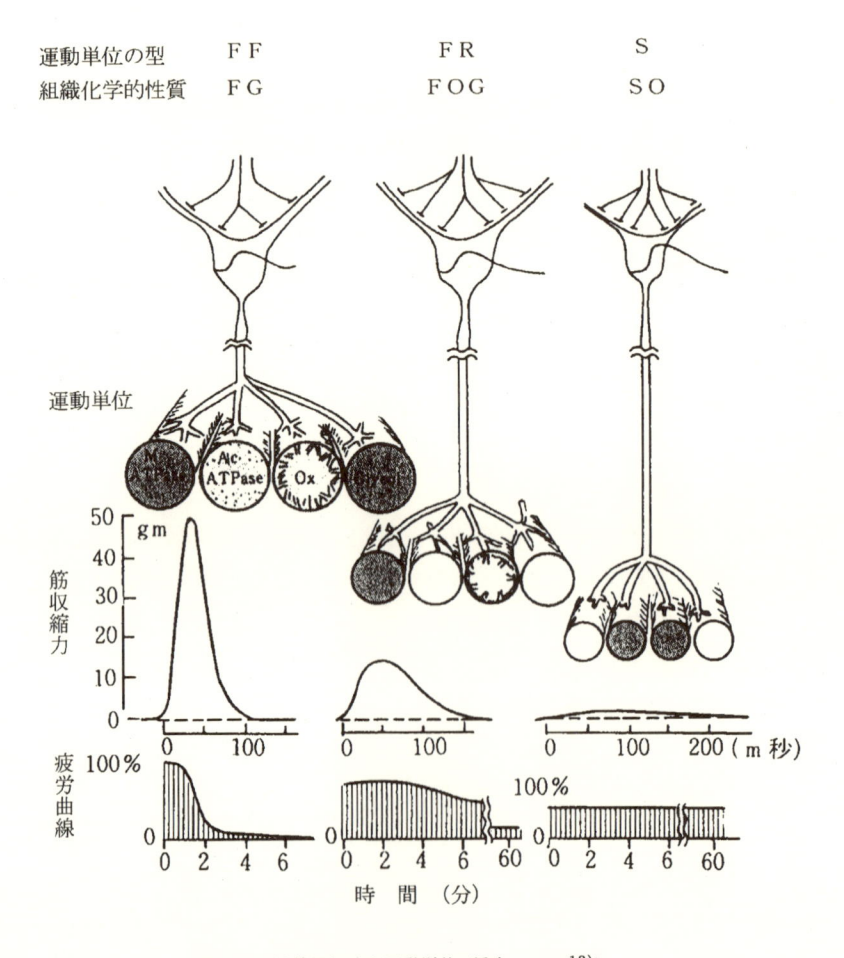

図 2.17 筋線維組成と運動単位 (橋本，1987[13])

ムの場合は長さと弾性力の関係はほぼ線形であるが，筋長と筋力の関係は非線形であり，しかも時間的な要因も効いてくる．筋は伸ばされた状態から直ちに収縮したときの方が同じ長さ伸ばしても時間をおいて収縮したときよりも発揮筋力は大きい．

　筋力トレーニングの条件には，強度，時間および頻度の三つの要素がある．まず強度であるが，最大筋力の 40% 以上である必要がある．時間は疲労困憊に至るまでの時間の 20〜30% 以上行う．頻度は 1 日 3〜5 回行う．

　最大筋力は男女とも 20 代半ばでピークを迎え，加齢とともに減少する．女性の最大筋力は各年代とも男性の約 7 割である．

　最大筋力に見られる男女差は筋の収縮特性に違いがあるからではない．上腕屈筋群の横断面積，腕筋力および単位断面積当たりの筋力の発達過程を男女で比較した場合単位断面積当たりの筋力の平均に男女差や年齢による違いは認められない．

2.3 栄養と栄養素

栄養学は食べ物から体に必要な要素を合成する作用 (同化作用) とエネルギー源を得る作用 (異化作用) を取り扱う．食べ物に含まれる栄養のもとになる物質を栄養素と呼ぶ．栄養素には糖質，脂質，蛋白質，ビタミンおよびミネラルがある．このうち糖質，脂質および蛋白質をとくに三大栄養素と呼ぶことがある．糖質と脂質は主にエネルギー源として用いられ，蛋白質は主に体の構成要素となる．ビタミンとミネラルは主に体の調節に使われる．

2.3.1 糖質

糖質は炭素，水素および酸素から成り，水素と酸素の比率が常に2:1で構成されている．このため炭水化物と呼ばれることもある．糖質のうち $C_6H_{12}O_6$ で表される化合物を単糖類と呼ぶ．図 2.18 では単糖類の一つであるグルコース (ブドウ糖) の構造を示した．1～6 の位置に炭素原子が配置されている．グルコースは 1, 4, 6 の位置のところで結合が可能である．1～4 の位置の炭素に結合している H 基と OH 基は上下反転するとそれぞれ構造異性体となる．また，1 の炭素に対して上に H 基がついている場合を α 型と呼び，上に OH

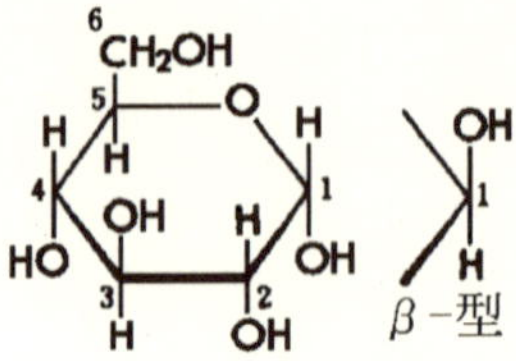

図 2.18 グルコースの構造 (生物学資料集編集委員会, 1974[53])

基がついている場合を β 型と呼ぶ．単糖類のなかでグルコース (ブドウ糖)，フルクトース (果糖) およびガラクトースが栄養学上重要である．ヒトにおいて糖質は必ずグルコース，フルクトースおよびガラクトースのいずれかの形に分解されて小腸で吸収される．

単糖類がおよそ 2〜7 個程度結合したものを少糖類と呼び,それ以上結合したものを多糖類と呼ぶ.図 2.19 上段は単糖類が二つ結合した二糖類の例である.サッカロース (ショ糖) はグルコースとフルクトースが結合した物質であり,ラクトース (乳糖) はグルコースとガラクトースが結合した物質である.マルトース (麦芽糖) はグルコース同士が結合した物質である.図

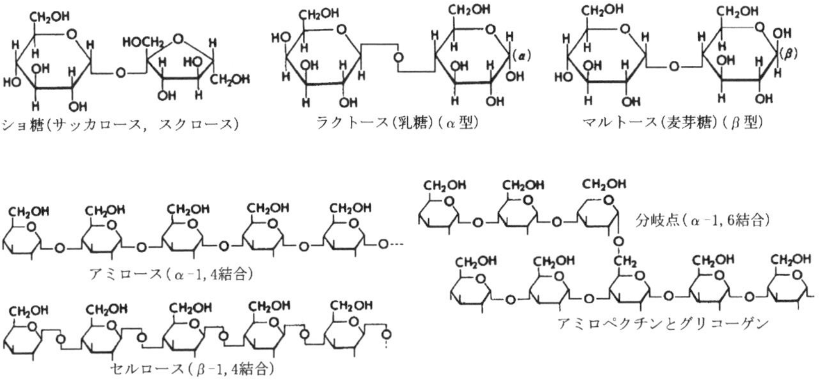

図 2.19 少糖類と多糖類 (生物学資料集編集委員会, 1974[53])

2.19 中段および下段は多糖類の例である.グルコースが 1 および 4 で α 型で 200〜1000 個結合したものがアミロースである.同じグルコースが 1 および 4 で α 型をちょうど反転した β 型で結合したものがセルロースである.アミロースはヒトが消化吸収することができるが,セルロースはヒトでは消化吸収することはできない.アミロースが 6 でグルコースと結合すると立体的な結合形態になり,アミロペクチンと呼ばれる.

アミロースとアミロペクチンの混合物がでんぷんである.食事から摂る糖質の大半はでんぷんの形で摂取している.主に穀類および豆類に豊富に存在する.糖質は一部唾液によって消化されるが,大半は小腸において消化酵素により単糖類に分解される.分解された単糖類はグルコース,ガラクトースおよびフルクトースのいずれかの形態をとって門脈と呼ばれる静脈系を介して,直接肝臓に運ばれる.肝臓に運ばれたこれら単糖類はグリコーゲンとい

脂肪組織
脂肪 ← グルコース

筋肉
グリコーゲン → グルコース →(ATP) ピルビン酸 →(ATP) CO_2+H_2O
乳酸

その他の組織
CO_2+H_2O ←(ATP) グルコース

血管
グルコース(血糖)　乳酸

乳酸 →(ATP) CO_2+H_2O
グルコース ⇄ グリコーゲン
　　↓(ATP)
　　脂肪
　　↓
アミノ酸　CO_2+H_2O
肝臓

グルコース →
ガラクトース →
フルクトース →
　↑
でんぷん
ショ糖
乳糖
小腸

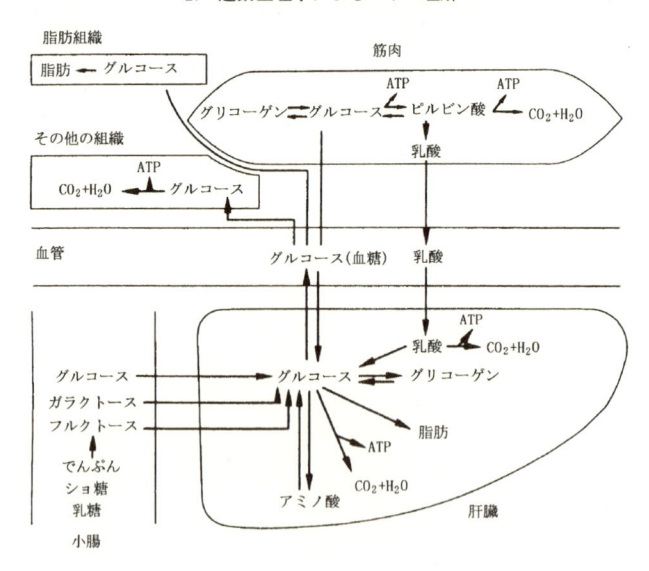

図 2.20　糖質の消化吸収 (橋本, 1987[13])

う重合体になり，貯蔵される．グリコーゲンはその基本構造はアミロペクチンと同じであるが，アミロペクチンに比べると重合しているグルコースの数が少ない．

　糖質は肝臓から移動するときは必ずグルコースの形態を取り，血液によって各組織に運ばれる．骨格筋は取りこんだグルコースをグリコーゲンという形で貯蔵することができる．しかし，1gの糖質を貯蔵するためには10gの水が必要である．このため体内での糖質の貯蔵は著しく制限されることになる．成人男性の場合でも400g弱しか貯蔵できないと考えられている．糖質の吸収率は90％を超えるといわれており，過剰に摂取した糖質は脂肪細胞において脂質に変換され，貯蔵される．

　糖質は主にエネルギー源として使われる．1g当たり約4kcalのエネルギーを生み出す．糖質は代謝するときにビタミンB_1が必要である．

　糖質のうちわれわれ人間が消化できないものを食物繊維と呼んでいる．食物繊維の成分には，セルロース，リグニン，ペクチン，コンニャクマンナンなどがある．非栄養素である食物繊維は長い間栄養学的な関心が払われな

かった．それどころか栄養素の吸収を悪くし，消化器に負担をかけると考えられていて厄介もの扱いをされていた．ところが食物繊維の摂取が多い民族は少ない民族に比べて生活習慣病の発生が少ないことが疫学的に知られるようなってから，食物繊維の果たす役割を実験的に検証する研究が盛んになり，その重要性が認識されるようになった．

食物繊維の働きは複合高分子としての物理化学的な性質に依存する．具体的には膨張性，粘稠性および吸着性である．食物繊維は周りの水を吸収して膨張する．また，濃度が高くなるにつれて粘稠性を発揮するようになる．これらの性質は食物の胃での滞留時間や消化管内の移動に影響を与える．多くの食物繊維は陽イオン交換能を持ち，ミネラルを吸着する性質がある．この結合は可逆的であり，まわりにミネラルが豊富にあると吸着するが，逆に少ないと結合していたミネラルを放出する．この他にも多くの生理学的利点があることが示唆されている．

2.3.2 脂質

食品中アルコールあるいはエーテルなどの有機溶媒に溶ける成分が脂質である．脂質は糖質同様炭素，水素および酸素から成る．脂質は大きく単純脂質，複合脂質および誘導脂質に分類される．

単純脂質は主にトリグリセリド(中性脂肪)で構成される．トリグリセリドはグリセロールに脂肪酸が3つ結合した物質である．脂肪酸はカルボキ

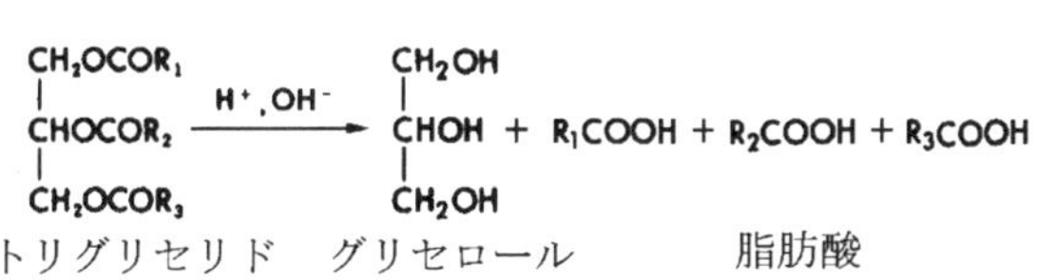

$$\begin{array}{c} CH_2OCOR_1 \\ | \\ CHOCOR_2 \\ | \\ CH_2OCOR_3 \end{array} \xrightarrow{H^+, OH^-} \begin{array}{c} CH_2OH \\ | \\ CHOH \\ | \\ CH_2OH \end{array} + R_1COOH + R_2COOH + R_3COOH$$

トリグリセリド　　グリセロール　　　　脂肪酸

図 2.21 トリグリセリドの構造 (生物学資料集編集委員会, 1974[53])

シル基にアルカン類が結合したものである．アルカン類は炭素に水素が結合した単純な化合物である．脂肪酸についているアルカンの炭素に水素が最大に結合しているものを飽和脂肪酸と呼び，炭素間に二重結合なり三重結合が

ある場合を不飽和脂肪酸と呼ぶ．食品中では動物性脂肪は全て飽和脂肪酸からなり，植物性脂肪は全て不飽和脂肪酸から成る．ただし，魚類の脂肪は不飽和脂肪酸である．

　単純脂質は糖質と同様主にエネルギー源として使われる．1g 当たり約 9kcal のエネルギーを生み出すことができる．ただし，単純脂質の一部は臓器保護の目的で使用されるものがある．そのような単純脂質は餓死する状態においてもエネルギーとして使われることはない．脂質は脂肪細胞と呼ばれる脂肪を貯蔵する専用の細胞に蓄えられる．この脂肪細胞は皮下に豊富に存在する．脂質は糖質とは異なり，貯蔵に水は必要ないので，貯蔵体積当たりで考えると糖質の 20 倍以上のエネルギーを蓄えられることになる．

　複合脂質は，脂肪酸とグリセロール以外に燐酸，コリン，糖，アミノ酸などを含む物質の総称である．単純脂質が主にエネルギー源として使われるのとは異なり，体の構成要素となるものが多い．燐酸を含む燐脂質は細胞膜の構成要素となる．複合脂質は動物性食品に多く含まれる．

　誘導脂質にはコレステロールや胆汁酸といったステロイド系の物質が含まれる．このほか脂溶性ビタミンの担体となるものもある．これら誘導脂質は主に体の調節に関与するものが多い．コレステロールは多くのホルモンの前駆体となったり，脂質蛋白質の構成要素ともなる．脂質は比重が低く，蛋白質は比重が高いので脂質蛋白質は含まれる脂質と蛋白質の違いでさまざまな比重の物質ができる．これを単純に比重の値から高比重脂質蛋白質 (High Density Lipoprotein) と低比重脂質蛋白質 (Low Density Lipoprotein) に分類される．一般には前者は英語の頭文字をとって HDL−コレステロール，後者は LDL−コレステロールと呼ばれることの方が多い．LDL−コレステロールは，動脈硬化などの生活習慣病の成因になると考えられており，逆に HDL−コレステロールは予防の効果があるとされている．

　食品中脂質は主にトリグリセリドの形で摂取する．胃の中で乳化された後，小腸で消化酵素により脂肪酸とグリセロールに分解される．グリセロールは糖質と同様門脈を介して直接肝臓に運ばれるが，脂肪酸およびグリセロールに脂肪酸が一つ結合したモノグリセリドは小腸で吸収された後，再びトリグリセリドとなり，リンパを介して血液中に放出される．この状態のトリグリ

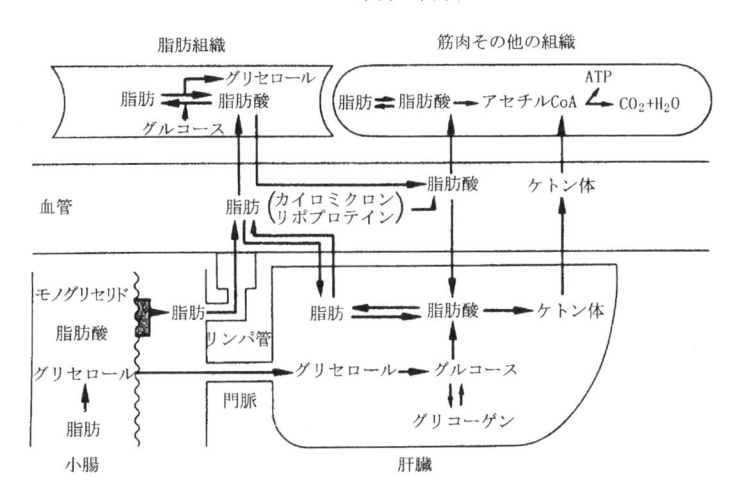

図 2.22 脂質の消化吸収 (橋本, 1987[13])

セリドをカイロミクロンと呼ぶ．カイロミクロンはすぐに肝臓や筋肉に取りこまれ，脂肪酸に分解されるか，脂質蛋白質に合成される．これらの形態で血液中に放出され，必要な組織に運ばれる．

2.3.3 蛋白質

蛋白質は通常細胞の中でもっとも含有量が高く，主に炭素，水素，酸素および窒素から成る．糖質および脂質は主にエネルギー源として使われるが，蛋白質は主に体の構成要素となる．蛋白質は大きく単純蛋白質および複合蛋白質に分類される．

単純蛋白質は加水分解したときにアミノ酸だけに分解される蛋白質をさす．蛋白質を構成するアミノ酸は約 20 種類あり，その大半は相互に合成が可能である．しかし，成人では 8 種類，乳児では 9 種のアミノ酸は，他のアミノ酸から合成できないので食事中から摂取する必要がある．これらのアミノ酸は必須アミノ酸と呼ばれる．

図 2.23 はアミノ酸の基本構造を示したものである．アミノ基とカルボキシル基が脱水してペプチド結合することで蛋白質が合成される．

複合蛋白質は，単純蛋白質に核酸，糖質，脂質，燐酸，金属など結合した

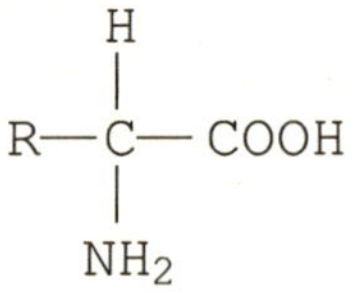

$$\text{R}-\underset{\underset{\text{NH}_2}{|}}{\overset{\overset{\text{H}}{|}}{\text{C}}}-\text{COOH}$$

図 2.23 アミノ酸の構造．R は各アミノ酸に固有の原子団を表す．

ものでそれぞれ核蛋白質，糖蛋白質，脂質蛋白質，燐酸蛋白質，金属蛋白質と呼ばれる．

　蛋白質は胃および小腸でアミノ酸に分解され，小腸から門脈を介して直接肝臓に運ばれる．蛋白質は体内で合成と分解を繰り返し，一部は尿素まで分解され，あるいは蛋白質のまま体外に排出される．その量は 1 日当たり総蛋白質の 0.4〜0.5% に相当する．そのために体内の窒素平衡を保つためには相当量の蛋白質を摂取する必要がある．その量は日本人の場合実験的に体重 1kg 当たり 0.64g であることが知られている．これに食品からの摂取効率，ストレスに対する安全率および個人差を勘案して成人の場合 1 日の摂取量は体重 1kg 当たり約 1.08g とされている．

2.3.4　ビタミン

　ビタミンは，体内に微量存在し，体内では合成できない有機化合物であり，主に体の調節に関与する．ビタミンには脂に溶ける脂溶性のビタミン (A, D, E, K) と水に溶ける水溶性のビタミン (B_1, B_2, B_6, B_{12}, ナイアシン，葉酸，C) がある．ビタミンの名前はおおむね一般名称であり，直接物質の名前をさしていない場合が多い．水溶性のビタミンは体内に貯蔵することができないが，脂溶性のビタミンは貯蔵することができる．そのため脂溶性のビタミンは多くの場合欠乏症だけでなく，過剰摂取による副作用が存在する．

a. 脂溶性ビタミン

　ビタミン A は動物性食品に含まれるレチノールと植物性食品に含まれるカロチンをさす．その生理作用は，発育の促進，皮膚および粘膜の保護，暗所での視覚保持がある．欠乏症には夜盲症がある．動物性食品では肝臓に多く，ニンジン，カボチャ，葉菜，柑橘類などにはカロチンが多い．日常の食

生活では植物性食品からのカロチンとしての摂取が多い.

　ビタミン D はカルシフェロールである. その生理作用はカルシウムや燐の吸収促進と骨への燐酸カルシウムの沈着がある. 欠乏症は乳児ではくる病, 成人では骨軟化症である. カルシフェロールそのものには生理作用がなく, その誘導体であるエルゴカルシフェロール (ビタミン D_2) およびコレカルシフェロール (ビタミン D_3) が生理作用を持つ. 体内では紫外線を使って皮膚でビタミン D からビタミン D_2 およびビタミン D_3 に変換している. 肝油, 魚肉, 牛肉などに多く含まれている.

　ビタミン E はトコフェロールである. ヒトでは欠乏症も過剰摂取による副作用も報告されていないビタミンである. このためヒトでの生理作用はよくわかっていないが, 抗酸化作用が強いと考えられており, 過酸化脂質などの生成の抑制が期待されている. 広く植物性食品, とくに小麦胚芽, 果物, 野菜の脂質, 綿実油などに多い.

　ビタミン K はフィロキノン, ミナキノン, メナジオンなどである. その生理作用は血液凝固であり, 欠乏症は出血性疾患や止血困難に陥る. 植物油, 緑葉, 小麦胚芽などの食品にはフィロキノンが多い. ミナキノンは腸内細菌が合成する.

b. 水溶性ビタミン

　ビタミン B_1 はチアミンである. 糖質代謝の補酵素として働く. 欠乏症は膝蓋腱反射を消失させる脚気を引き起こす. 胚芽および米ぬかに多い. 緑黄色野菜や肉類にも含まれる.

　ビタミン B_2 はリボフラビンである. 糖質, 脂質および蛋白質代謝の補酵素として働く. 欠乏症は口角炎や皮膚の乾燥が起こる. また, 子供の場合成長が阻害される. 肝臓, 牛乳, 卵, 緑黄色野菜などに多い.

　ビタミン B_6 はピリドキン, ピリドキサール, ピドキサミンなどである. アミノ基転移酵素などの補酵素として働く. ヒトでは欠乏症はみられない. 肝臓, 牛乳, 野菜などに多く含まれる. 腸内細菌により合成される.

　ビタミン B_{12} はコバラミンである. 蛋白質や核酸の合成を行っており, 欠乏症は悪性の貧血を起こす. 日本人には欠乏症はない. 肝臓, 貝類, あさくさのりなどに多く含まれる.

ナイアシンはニコチン酸やニコチン酸アミドの総称である．脱水素酵素の補酵素として働き，代謝全般に関与する．欠乏症は皮膚炎の一種であるペラグラになる．トウモロコシを常食する地域に多くみられる．肝臓，肉類などに多く含まれる．摂取する蛋白質に含まれるトリプトファンから生成される．

ビタミンCはアスコルビン酸である．コラーゲンの生成，鉄の吸収促進およびチロシン代謝に関与する．欠乏症は壊血病である．果実，野菜，芋類に多く含まれる．熱により容易に分解してしまうため，生で食べたほうがよいという考え方があったが，調理することで多量の摂取が可能となり，また，食物繊維の摂取も考えると現在では加熱調理したほうがよいと考えられている．ビタミンCを大量(1～5g)摂取すると風邪の予防に有効であるという説があるが，この考え方には賛否両論がある．

2.3.5 ミネラル

ミネラル(無機質)は体内に4～6%存在し，その種類は約40種類ある．鉄を基準に鉄よりも存在量が少ない元素を微量元素と呼ぶ．ミネラルは体の構成要素となるものと体の調節に用いられるものとがある．

体の構成要素となるものはカルシウムや燐など骨や歯などの組織を構成するものや鉄のように金属蛋白質を構成するものがある．

体の調節機能としては，浸透圧の維持，骨格筋の収縮，ホルモンや酵素の構成要素，血液凝固，細胞膜の能動輸送などに関与する．

カルシウムは体内のミネラルの中でももっとも含有量が高い．カルシウムは骨と歯に99%存在する．血液中には9～11mg/100mℓの濃度で存在し，血液凝固作用に関与する．牛乳，乳製品，小魚類に多く含まれている．

燐は体内ではカルシウムについで多く，その8割が骨や歯に存在する．そのほか燐はグルコース燐酸，ATP，NAD，核酸，燐脂質などの有機燐酸として存在し，糖質，脂質および蛋白質の中間代謝や細胞の構成要素としても重要である．また，カルシウムの吸収にも関与している．卵，大豆，肉類，穀類，牛乳および乳製品に多く含まれる．

カリウムは燐酸および蛋白質と結合して主に細胞内に存在する．細胞内の浸透圧の維持，酸塩基平衡などに関与している．カリウムは，芋類，果物，

野菜類に多く含まれる.

　ナトリウムと塩素ナトリウムと塩素は主として細胞外液に存在して浸透圧の調節に関与している．大部分は食塩として摂取しているが、醤油や味噌からも摂取している．食塩の摂取量が高い民族は高血圧症が多い．日本人の1日あたりの摂取量は約 12g であり，きわめて高い数字である．日本では 1 日 10g 以下の摂取を目標としている．

2.4 エネルギー代謝

2.4.1 エネルギー供給機構

全ての身体運動は骨格筋の収縮によって行われる．この筋収縮に必要な機械的なエネルギーは，アデノシン三燐酸 (ATP) が加水分解によってアデノシン二燐酸 (ADP) と無機燐酸 (P_i) に分解する時に生じるエネルギーを用いて行われる．ところが ATP の体内の貯蔵量はわずかであり，激しい運動では数秒間で枯渇してしまうと推定されている．したがって，われわれが持続的に運動を行うためには分解された ADP と P_i から ATP を再合成する必要がある．この ATP の再合成の過程をエネルギー代謝と呼ぶ．

糖質は生体内では主にグリコーゲンの形で存在している．グリコーゲンからは無機燐酸によってグルコース 1 燐酸の形で取り出される．その後炭素三つの形に分解し，中間代謝物としてピルビン酸の形態をとる．ここから CO_2 が一つはずれてアセチル CoA を経て，TCA 回路に取り込まれる．TCA 回路の中で CO_2 が二つ生成し，電子伝達系において酸化によって水が生成される．この時 1 モルのグルコース 1 燐酸からは 39ATP が再合成されることになる．この過程は最終的に

$$C_6H_{12}O_6 + 6O_2 \rightarrow 6CO_2 + 6H_2O$$

とまとめられる．

糖質はピルビン酸から乳酸を生成することによっても ATP を再合成でき

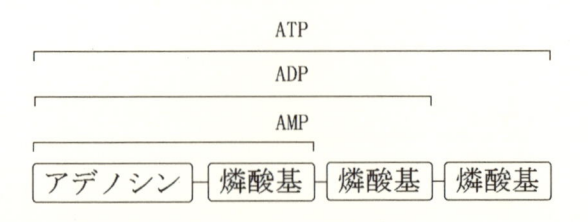

図 2.24　ATP

2.4 エネルギー代謝

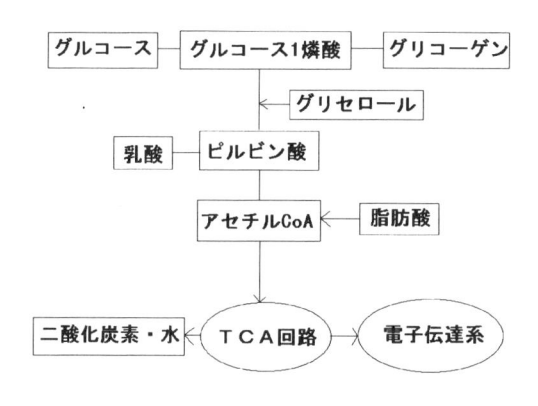

図 2.25 TCA 回路

る．しかし，この過程で生じる ATP はたかだか 2ATP でしかない．しかも乳酸は強酸であるので多量に蓄積すると，体内の pH を下げてしまう．したがって，筋中では燐酸塩により，血液中では重炭酸塩によって直ちに緩衝される．

　グリセロールは糖質と同じ解糖系によって代謝される．これに対して脂肪酸では β 酸化によってアセチル CoA に変換され，TCA 回路を経て ATP が再合成される．したがって，脂質はほぼ酸化によってのみエネルギーが取り出されると考えてよい．再合成される ATP の数は酸化される脂肪酸の種類によって異なるが，パルミチン酸の場合だと 1 モルの分解によって 130 モルの ATP が再合成される．パルミチン酸の酸化の過程は最終的に以下のようにまとめられる．

$$C_{16}H_{32}O_2 + 23O_2 \rightarrow 16CO_2 + 16H_2O$$

　体内に貯蔵されているクレアチン燐酸はクレアチンと燐酸が高エネルギー燐酸結合している物質であり，1 モルのクレアチン燐酸が加水分解するとちょうど 1 モルの ADP と P_i から 1 モルの ATP が合成される (図 2.26).

　エネルギー代謝は酸化によって ATP を再合成する有酸素性代謝と糖質から乳酸を生成する系やクレアチン燐酸の分解のような酸化を用いない無酸素性代謝に大別される．有酸素性代謝によるエネルギー供給機構はエネルギー

図 2.26 クレアチン燐酸による ATP の再合成 (生物学資料集編集委員会, 1974[53])

の容量としてはほぼ無限とみなしてよいほどの貯蔵量があるが，その最大供給速度は遅い．これに対して無酸素性代謝によるエネルギー供給機構は容量は極めて少ないが，その最大供給速度は速いという特徴がある．無酸素性代謝によって生じる乳酸や分解されたクレアチンは，最終的には有酸素性代謝によって生み出されたエネルギーを使って酸化あるいはクレアチン燐酸への再合成が行われる．

単位時間に体内に摂取した酸素の量を酸素摂取量と呼ぶ．単位は ℓ/分あるいは体重で除して mℓ/kg/分と表す．一定の速度で歩くなり走るなどの運動をした時の酸素摂取量の動態を見てみると，運動開始とともに運動に必要な酸素摂取量をすぐに供給できるようになるわけではない．運動強度が高くない場合は酸素摂取量は指数関数的に増加し，ある時点で運動に必要な量と一致する．この状態を定常状態と呼ぶ．図 2.28 中 A の部分は無酸素性代謝によるエネルギーによって賄われることになり，酸素不足と呼ばれる．これはある意味でエネルギーを借入したようなものであり，運動回復期に有酸素性代謝からのエネルギーで補填される．図 2.28 中の B にあたり，酸素負債と呼

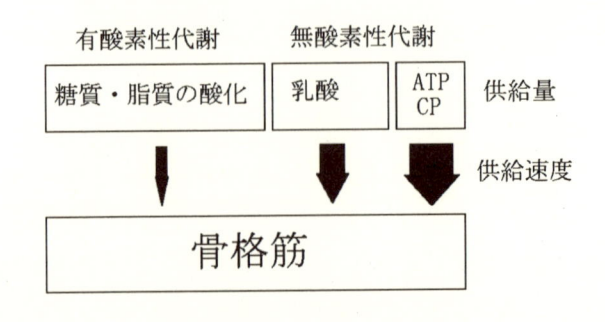

図 2.27 エネルギー供給過程と供給速度

2.4 エネルギー代謝

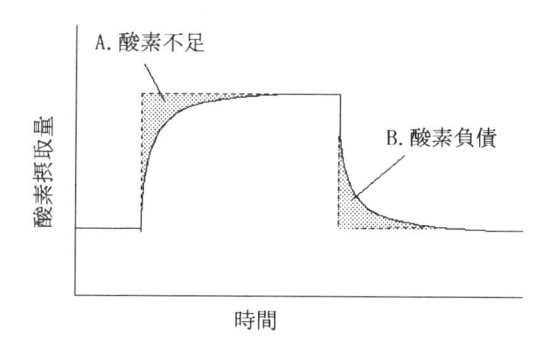

図 2.28 酸素摂取量の動態

ばれる．酸素不足と酸素負債の量はほぼ等しいと考えられる．酸素不足の量と酸素摂取量の和が運動に必要なエネルギー量であり，酸素需要量と呼ぶ．

一定強度の運動を行うと運動強度が低い時は1〜2分程度で定常状態に達するが，運動強度を徐々にあげていくと定常状態に達するまでに3〜4分もかかるようになる．さらに運動強度をあげていくとどこかでそれ以上酸素摂取量が増大しなくなる．この時の酸素摂取量を最大酸素摂取量と呼ぶ．最大

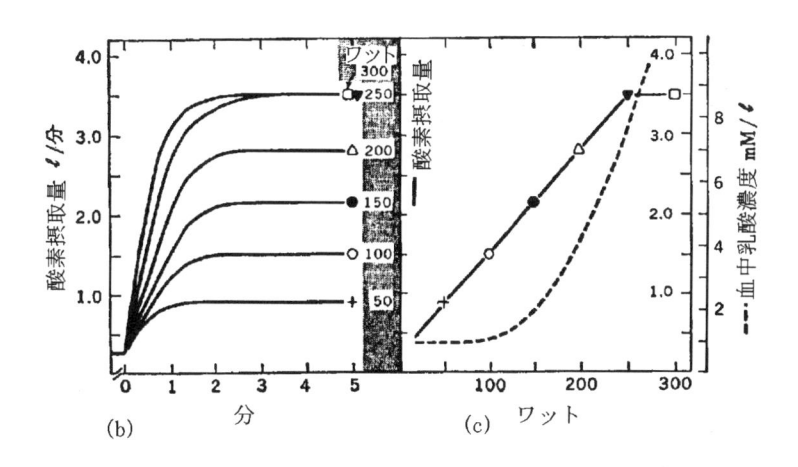

図 2.29 最大酸素摂取量 (Åstrand, 1970[1])

酸素摂取量は個人の持久力を表す優れた生理学的指標の一つである.

最大酸素摂取量を超えるような運動強度ではエネルギーの大半を無酸素性代謝に依存する.無酸素性代謝はエネルギーの供給量そのものに強い制限があるため,最大供給速度で供給したと仮定すると理論的には数十秒程度で枯渇してしまう.これが短距離種目の規定因子になると考えられる.

2.4.2　エネルギー消費量の計測

図 2.30 はエネルギー消費量の直接的な計測法を示したものである.完全な断熱室内で充分な換気を行い,一定速度の流速で水を流して前後での温度差により生体から発生した熱量を計測するものである.しかし,こうした装置は大がかりであり,被験者をかなり強く拘束する.

エネルギー代謝は最終的には全て酸化によって賄われると考えられるので酸素摂取量を計測することでエネルギーを算出することが可能である.図 2.31 は閉回路による酸素摂取量計測の例である.呼吸室の容量の減少がそのまま酸素摂取量として計測されることになる.

直接法に比べて閉回路による間接法は簡便な手法ではあるが,運動時の計測は困難である.運動時においても酸素摂取量を計測するために考え出された手法がダグラスバック法である.この方法は開回路である.ダグラスバックには呼気ガスが貯められるわけだが,そこから酸素摂取量を計測するのは

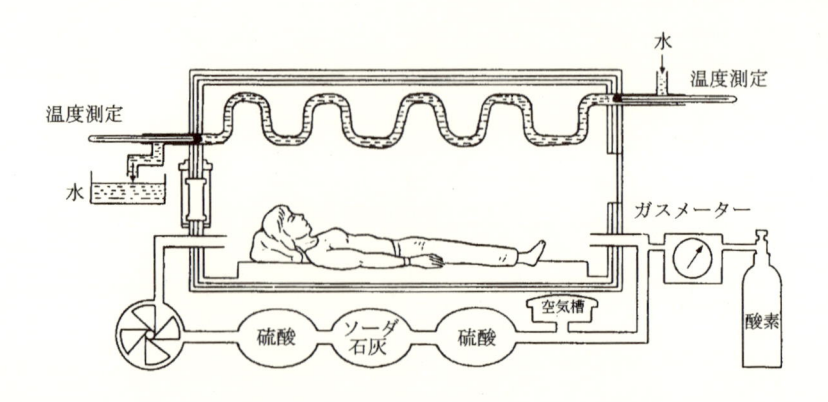

図 2.30　エネルギー代謝の直接計測法 (杉, 1995[58])

2.4 エネルギー代謝

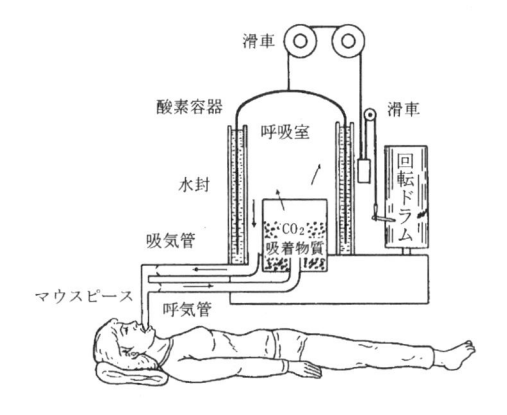

図 2.31 エネルギー代謝の間接計測法 (杉, 1995[58])

図 2.32 ダグラスバック法 (長野, 1994[38])

単純ではない．一見外気の酸素濃度は 20.93%なのでダグラスバックの容量に 20.93%からバック内の酸素濃度を引いたものを掛ければよいように思われるが，正しくない．このことは吸気のガス量と呼気のガス量が等しいことを前提にしている．しかし，吸気のガス量と呼気のガス量は必ずしも一致しない．エネルギー代謝によって消費される酸素の量と排出される二酸化炭素の量の比を呼吸商と呼ぶが，この比は代謝される栄養素によって異なる．糖

質では必ず1.0であり，脂質では約0.7，蛋白質では約0.8である．したがって，呼吸商は約0.7～1.0の値をとることになる．このことによって吸気のガス量と呼気のガス量の不一致が生じる．ここで窒素は通常肺ではガス交換されないので吸気と呼気における窒素のガス量は必ず等しくなる．この関係を用いると呼気のガス量から吸気のガス量が計算できるのでダグラスバック法によって酸素摂取量を算出することが可能となる．

　エネルギー代謝が全て有酸素性の代謝でかつ蛋白質が代謝されないと考えると肺胞レベルでのガス交換の指標である呼吸交換比(二酸化炭素排出量を酸素摂取量で割ったもの)は呼吸商と一致するはずである．この仮定にしたがって，安静時および運動時の呼吸商を推定することでエネルギー代謝の基質としての糖質と脂質の燃焼比が算出できる．安静時の呼吸商は約0.8であり，糖質よりも脂質の燃焼の方が多い．運動を行うとそれだけで呼吸商は増加する．運動強度が低い間は運動強度が増加してもほとんど呼吸商は変化しない．しかし，最大酸素摂取量の50%以上に相当する運動強度では強度の増加とともに急激に糖質の利用の割合が増え，100%糖質が使われるようなことも起こる．低強度の運動では運動の持続時間の延長とともに呼吸商も低下していく．このため，同じエネルギーを消費する運動でも低強度で持続的に運動した方が短時間で高強度で運動した時よりも脂質の燃焼が多くなる．

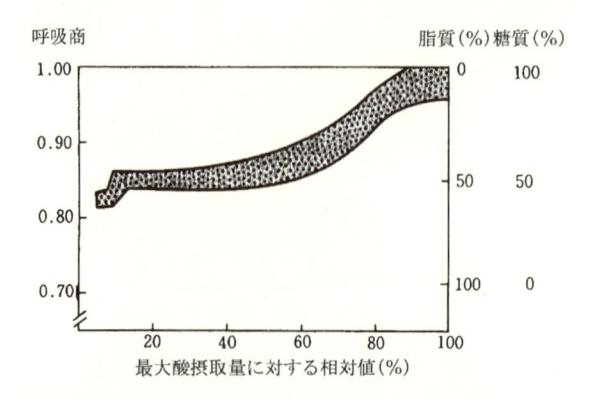

図 2.33　運動強度と呼吸商 (橋本, 1987[13])

これまであげた直接法,閉回路法および開回路法はいずれも実験室的な手法であり,1日のエネルギー消費量やある集団のエネルギー摂取の平均を求めるようなことには向かない.そのような目的ではより簡易的な手法が用いられるが,いずれも個人の行動記録に基づいてエネルギー消費量を推定する.

簡易法によるエネルギー消費量推定の方法の一つにエネルギー代謝率 (Relative Metabolic Rate; 以下 RMR) がある.同じ運動の形態であっても体の大きい人の方がエネルギー消費は大きい.また,高齢者よりも若年者の方がエネルギー消費は大きい.しかし,基礎代謝で運動時のエネルギー消費量を除した値は体格や年齢にかかわらずほぼ一定の値をとる.この基礎代謝とは安静覚醒時に生体が必要とする最少限のエネルギー量であり,一般に食後 12〜14 時間を経過し,早朝に仰臥位安静を保って 20〜25°C の室温で計測する.RMR は次式で示すように作業時のエネルギー量から安静時のエネルギー量を引いたものを基礎代謝で除すことで個々の作業におけるエネルギー量を正規化している.

$$\mathrm{RMR} = \frac{[作業時エネルギー消費] - [安静時エネルギー消費]}{[基礎代謝]}$$

RMR の値は精力的な計測により日常生活で起こり得るほとんどの作業をカバーしている.この RMR の値から実際の作業時のエネルギー消費を算出する時は,以下の式に示すように安静時エネルギー消費を基礎代謝の 1.2 倍として計算する.

$$作業時エネルギー消費 = (\mathrm{RMR} + 1.2) \times 基礎代謝$$

睡眠時の代謝を基礎代謝の 90% とすることで 1 日のエネルギー消費を推定することが可能である.

RMR は基礎代謝が実測できればある程度の精度が確保できる推定法と考えられるが,実際には基礎代謝も身長と体重から体表面積を推定してそこから算定するのが一般である.そこで最近では RMR に代わってエネルギー消費の体重当り表示法による手法が使われることが多くなっている.エネルギー消費の体重当り表示法で使われる値と RMR との間には強い相関関係がある.エネルギー消費の体重当り表示法で使われる値には基礎代謝も含まれ

ているので性・年齢別の係数を乗ずることになる.表 2.3 には 20～29 歳の男子の基礎代謝基準値をもとに算出された係数をあげた.

表 2.3 エネルギー消費の体重当り表示法で使われる性・年齢別の係数 (橋本,1987[13])

年齢 (歳)	男子	女子
16	1.12	1.02
17	1.09	1.00
18	1.07	0.99
19	1.05	0.98
20～	1.00	0.96
30～	0.95	0.91
40～	0.93	0.87
50～	0.92	0.86

作業時のエネルギー消費を算出する方法には安静時代謝の倍数を用いるものがあり,Mets という単位で表示する.実際に安静時代謝を計測することはまれで,一般に安静時のエネルギー消費を 3.5mℓ/kg/分として算出される.安静時代謝の倍数は,臨床において運動処方の際によく用いられるが,この方法で作業時のエネルギー消費を算出することは日本では稀である.

2.5 運動と呼吸器系

2.5.1 呼吸器の構造

生体が生命を維持するのに必要な酸素を取り込み,代謝によって生じた二酸化炭素を排出する作用を呼吸という.呼吸は外気から酸素を取り込み,肺で血液との間で酸素および二酸化炭素のガス交換を外呼吸あるいは肺呼吸と呼び,血液と細胞間でのガス交換を内呼吸あるいは細胞呼吸と呼ぶ.日常的に使用している呼吸という言葉は生理学的には外呼吸を指している.

呼吸器系は,気道,肺胞および胸郭からなり,気道は鼻腔,咽頭,喉頭,気管および気管支からなる (図 2.34).咽頭の部分で気管と食道に分岐するが,通常食道は閉じられている.外呼吸時には鼻腔および口腔と気管との間でガスが移動する.食物や飲物を呑み下す時には瞬時に食道が開いて喉頭の部分で気管が閉じ,食物や飲物が食道に入った瞬間に食道が閉じて,気管が開く.この一連の動作は嚥下反射によって制御されている.

気管をとおるガスは気管支を経て,先端部の肺胞 (図 2.35) に至る.肺胞の表面には毛細血管が密に走行しており,肺動脈から送られた二酸化炭素が

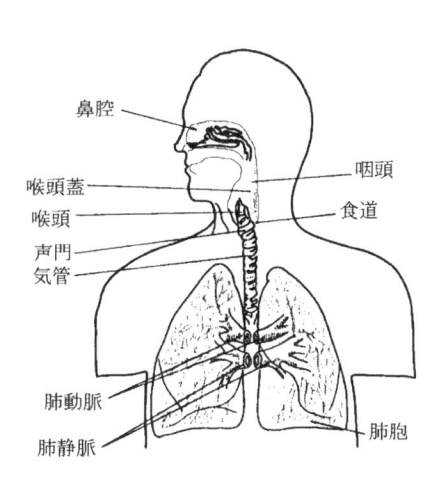

図 2.34 肺の構造 (Brooks, 1984[4])

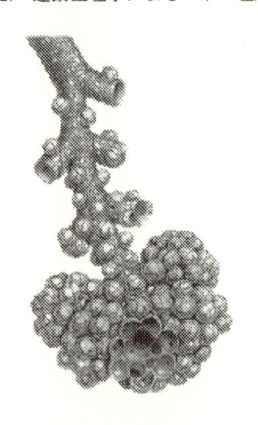

図 2.35 肺胞 (Netter, 1998[43])

肺胞に移動し，肺胞中の酸素が毛細血管に渡されて肺静脈に送られる．肺胞と毛細血管との間のガス交換は物理的な拡散によって行われ，生理学的な制御は介在しない．また，極めて弾力性に富んだ組織であり，成人の場合その表面積はテニスコート半面程もある．安静時においては肺胞と毛細血管との間の拡散はほぼ完全に遂行されると考えられている．しかし，運動強度の増加により毛細血管を通過する時間が短くなると二酸化炭素はほぼ拡散できるが，酸素は拡散速度が遅く，完全な拡散が行われなくなる．この傾向は最大心拍出量が高い持久性一流競技選手で顕著であり，最大運動時に動脈酸素含有量の著しい低下が認められることがある．

　肺胞は自身でガスを移動させるメカニズムを持ってはいない．肺胞に外気との間でのガスの換気を行うシステムには二つの方式がある．一つが腹式呼吸であり，もう一つが胸式呼吸である．肺胞内の圧力は外気圧に等しく，胸郭内部の圧力は外気圧よりもかなり低い圧力になっている．その圧力差によって肺胞はある程度の大きさを保っている．横隔膜が下に移動することにより，胸郭内部の圧力はさらに減少し，圧力差の増大によって肺胞に外気が入る．横隔膜が元の位置に戻ると胸郭内部の圧力が増大して肺胞は元の大きさに戻る．

　先の腹式呼吸のモデルでは胸郭がガラス瓶のように固定されたものと仮定されていたが，実際には胸郭は運動し，胸式呼吸を行う．肋骨と肋骨の間に

2.5 運動と呼吸器系

は内肋間筋と外肋間筋がクロスするように走行している．内肋間筋が収縮すると胸郭全体の容積が減少し，胸郭内部の圧力が増大して肺胞からガスが排出される．逆に外肋間筋が収縮すると胸郭全体の容積が増加して，肺胞に外気が吸入される．

　腹式呼吸は一回に多量のガス量を肺胞に吸入することができるが，エネルギーコストは高い．逆に胸式呼吸はその構造上一回のガス量を多くすることは難しいがエネルギーコストは低い．

　肺の容積を肺容量と呼ぶ．肺容量は呼吸とともにその容積が時間的に変化するものである．したがって，肺容量はその呼吸の状態に対して定義される (図 2.36)．肺容量はガス量なので温度や気圧の違いによって値が大きく異なる．一般に 1 気圧で 37°C の水蒸気で飽和している状態の量で表す．吸気時と呼気時の肺容量の差を一回換気量と呼ぶ．成人の場合安静時の一回換気量は約 500ml である．1 分間の一回換気量の総計を換気量という．安静状態で最大に吸気した時の肺容量から通常の吸気時の肺容量の差を予備吸気量と呼び，最大に呼気した時の肺容量から通常の吸気時の肺容量の差を予備呼気量と呼ぶ．最大吸気時と最大呼気時の差が肺活量である．最大呼気時においても肺はある程度の容積を保っている．この量が残気量である．残気量と予備呼気量の和を機能的残気量という．肺活量と残気量の和が全肺容量である．

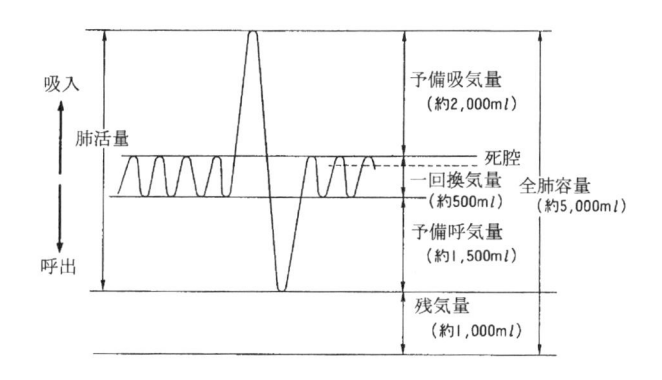

図 2.36 肺容量 (杉, 1995[58])

残気量の測定は容易ではないので一般には容易に計測できる肺活量をもって肺の容積とすることが多い．成人の場合約 4000mℓ である．

肺活量が大きければそれだけ肺胞に多量の酸素を送ることができる．したがって，持久性能力の高い一流競技選手は肺活量も大きいが，肺活量が大きいことが必ずしも持久性能力を表すわけではない．これは，運動強度の増大にともなって，呼吸数および一回換気量は増加するが，最大酸素摂取量が出現するような強度であっても一回換気量の最大値は肺活量の半分程度にしかならない．それだけ肺はガス交換に対して余裕があるといえる．

肺におけるガス交換は肺胞に限られる．したがって，気道および気管などの部分はガス交換が行われない．これらの部分を死腔と呼びその容量を総称して死腔量と呼ぶ．死腔量は体格によって異なるが，成人の場合安静時で約 150mℓ である．

死腔量の存在のため換気量の全てがガス交換にあずかるわけではない．実質的な肺胞でのガス交換の量を肺胞換気量と呼ぶ．新鮮な外気を吸入すると一回換気量のうち死腔量に相当する部分はガス交換が行われない．肺胞内では瞬時に拡散し，呼気時に死腔に残るガスは肺胞気そのままとなる．したがって，吸気時には死腔量に相当する量が全くガス交換されていないことになる．このため一回換気量が多い程ガス交換の効率はよくなるわけだが，一回換気量が増大するとエネルギーの経済効率は減少する．このトレードオフ

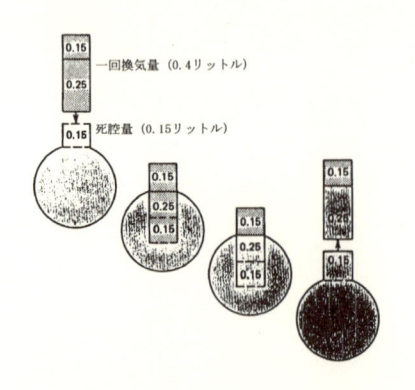

図 2.37　肺胞換気量と死腔量 (Brooks, 1984[4])

の関係から安静時の一回換気量が決まると考えられる．

運動時は気管が拡張し，多少増加する．呼吸によって消費されるエネルギーの大半は気道抵抗に抗するために費やされるので，気道抵抗が気管の半径の4乗に反比例すると考えると，わずかな拡張でも劇的に換気時のエネルギーの経済効率は良くなることになる．

2.5.2 酸素輸送系

肺でガス交換された酸素は心臓によって循環される血液にのって末梢の細胞へ送られる．ここで肺胞と同様物理的な拡散によって細胞に酸素が移動し，細胞から血液へ二酸化炭素が移動する．体内でのガスの量は分圧によって表現されることが多い．酸素はその大半が赤血球の中にあるヘモグロビンと結合することで運搬され，血液中に溶解している量は微量である．酸素分圧は血液での酸素の存在量と考えてよいが，二酸化炭素の場合相当量が溶解するため二酸化炭素分圧はその存在量を表現しているわけではない．

今大気圧を1気圧とすると酸素の濃度は20.93%なので酸素分圧は $760 \times 0.2093 \approx 155 (mmHg)$ となる．肺胞中の酸素分圧は約100mmHgであり，二酸化炭素分圧は約40mmHgである．動脈血中では二酸化炭素分圧は肺胞と同じ約40mmHgであるが，酸素分圧は肺胞よりも若干低くなる．

細胞でガス交換された後の静脈血中の酸素および二酸化炭素の分圧は活発に活動している細胞とそうでない細胞では大きく異なる．さまざまな細胞からかえってきた静脈は混合し，心臓に帰っていくが，この時の酸素分圧は安静時で約40mmHgであり，二酸化炭素分圧は約46mmHgである．運動強度の増加とともに混合静脈血中の酸素分圧は低下し，二酸化炭素分圧は上昇する．

分圧による表現は数値としての扱いが容易であるが，実質的な物質の量を表現しているわけではない．酸素は赤血球中にあるヘモグロビンによって運ばれる．ヘモグロビンはヘムと呼ばれる4つの構造を含み，それぞれのヘムには鉄が存在する．この鉄に酸素が結合して運搬される仕組みになっている．この時ヘムに酸素が結合している平均の割合を酸素飽和度と呼ぶ．そして酸素分圧と酸素飽和度は直線関係にはなくシグモイド型の形状をしている（図

2.39). この曲線を酸素解離曲線という.

安静時平地での酸素分圧は約 100mmHg なので酸素分圧はほぼ 100%飽和していることになる. しかもシグモイド型の形状から酸素分圧の多少の減少に対しても動脈血中の酸素飽和度はほぼ 100%を維持することになる. 細胞レベルの酸素分圧が低いところでは飽和度は急峻に減少する. この動脈血と細胞での飽和度の差が実質的に細胞に渡される酸素の量を決めることになる. 酸素解離曲線は種々の環境要因でシグモイド型の形状が変わることが知られている. 代表的なものは, pH, 二酸化炭素分圧, 温度, 赤血球中にある

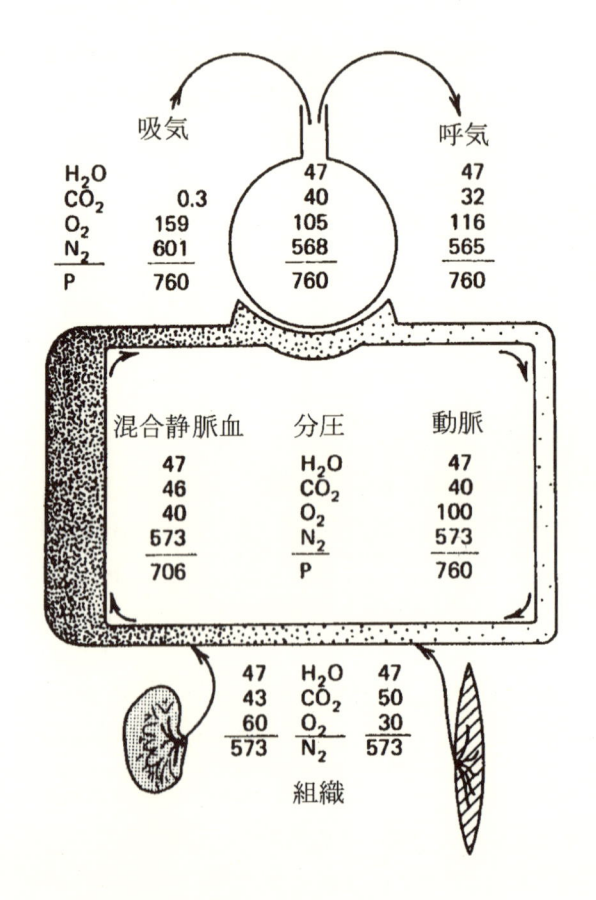

	吸気		呼気
H_2O		47	47
CO_2	0.3	40	32
O_2	159	105	116
N_2	601	568	565
P	760	760	760

混合静脈血	分圧	動脈
47	H_2O	47
46	CO_2	40
40	O_2	100
573	N_2	573
706	P	760

47	H_2O	47
43	CO_2	50
60	O_2	30
573	N_2	573

組織

図 2.38 ガス交換 (Åstrand, 1970[1])

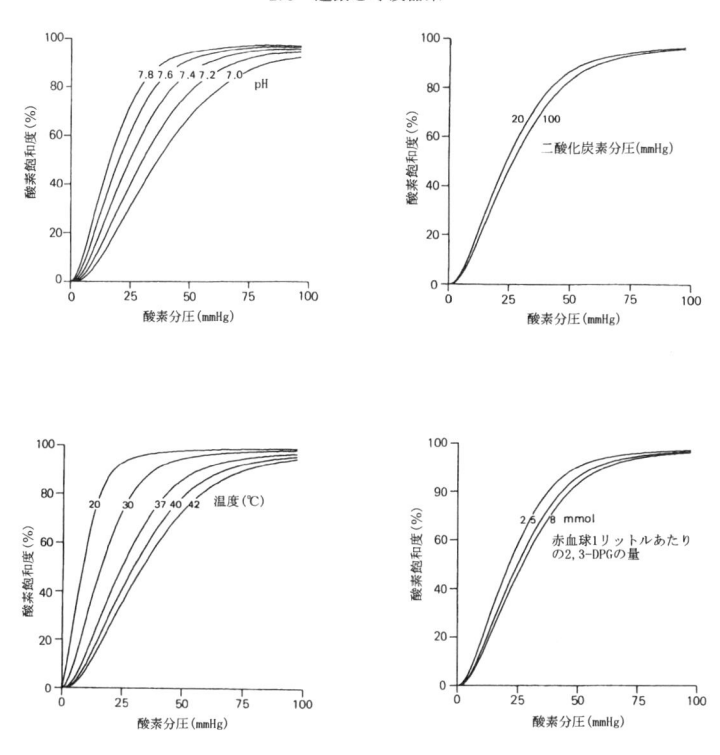

図 2.39 酸素解離曲線 (Stegemann, 1981[57])

2,3-DPG という物質の濃度等である．pH の低下，二酸化炭素分圧の上昇，温度の上昇，2,3-DPG の増加はいずれも酸素解離曲線を右方にシフトさせる．このことは運動強度の増加は全ての因子が酸素解離曲線を右方にシフトさせるので細胞での酸素の取り込みに有利に働くことを示している．

2.5.3 呼吸の調節

呼吸は吸息と呼息を繰り返す一種のリズム運動である．この呼吸リズムは延髄にある呼吸中枢で形成される．呼吸リズムはひとつのリズムで吸息と呼息のリズムを作っているわけではなく，吸息のリズムと呼息のリズムがそれ

それ独立にリズムを形成していることが知られている．吸息のリズムを作る吸息中枢と呼息のリズムを作る呼息中枢が同時に末梢に指令を出してしまうと呼吸ができなくなってしまう．そこで吸息中枢が指令を出している時は呼息中枢が指令を出さないよう呼息中枢に対して抑制の指令が出る．逆に呼息中枢が指令を出している間は吸息中枢に抑制の指令が出される．このような相互抑制によって呼吸のリズムが形成される．このリズムは睡眠中でも途切れることなく，持続的かつ自律的に形成されている．

　呼吸の調節はリズムである呼吸数と深さである一回換気量を変えることにある．呼吸を変える要因は大きく分けて神経性の要因と体液性の要因に分けられる．神経性の要因は肺の伸展受容器や横隔膜や肋間筋などの呼吸筋および骨格筋などの機械受容器あるいは皮膚や呼吸器からの入力を受けている．また，大脳皮室からの直接的な指令も要因となる．このため呼吸運動は基本的には自律神経系による制御ではあるが，随意意志によって止めることが可

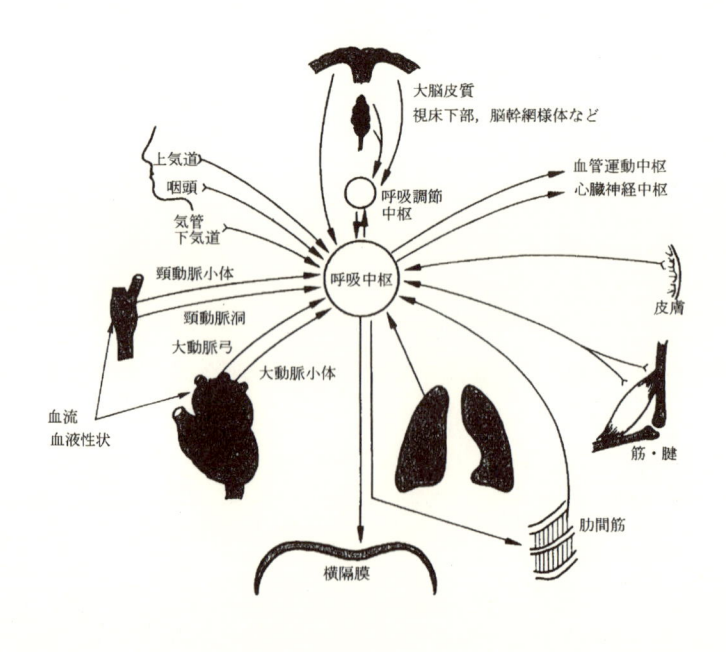

図 2.40　呼吸の制御 (橋本，1987[13])

能である.

　体液性の要因はおもに血液中のpH，二酸化炭素分圧，および酸素分圧である．その受容器はおもに頸動脈小体および大動脈弓にある．定常的な状態における換気量を決める最大の要因は動脈血の二酸化炭素分圧にあると考えられる．酸素分圧に関しては酸素濃度として14%以下に相当するような低酸素状態にならない限り作動因子とはならない．

　図2.41は固定負荷時の換気量の動態を模式化したものである．運動開始時に一過性の急激な増加が起こる．この部分は神経性の要因による上位中枢からの直接的な指令であると考えられる．その後，最大下ではほぼ指数関数的に上昇し，定常状態となる．運動終了直後もやはり神経性の要因による急激な低下が認められ，安静へ回復していく．

　図2.42は漸増負荷時の換気量の応答を示したものである．○は普通の健常者であり，その他は持久性の一流競技選手の値である．安静から低強度の運動での換気量の応答には体力レベルの違いは認められない．その後，換気量は指数関数的に増加して最大運動に至る．この指数関数的な増加は運動強度の増加とともに生じる乳酸生成によって説明できる．無酸素性代謝によって生じる乳酸は強酸であり，筋中では燐酸塩，血液中では重炭酸塩によって緩衝される．血液中の重炭酸塩が緩衝に用いられると有酸素性代謝由来でない過剰な二酸化炭素が排出されることになり，これが換気量の増加を引き起

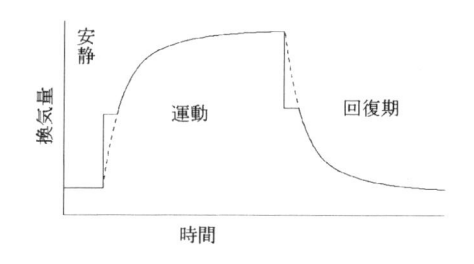

図2.41　固定負荷時の換気量

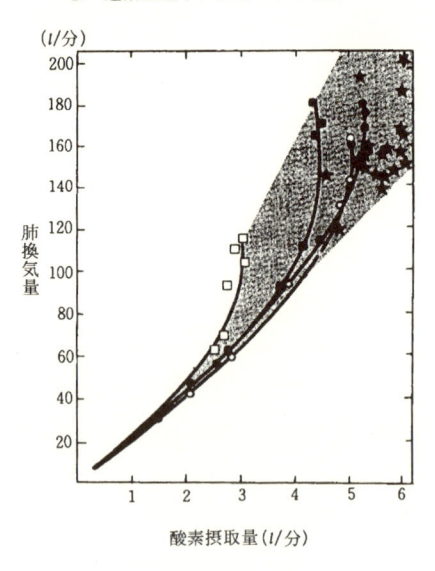

図 2.42 漸増負荷時の換気量 (橋本, 1987[13])

こす.さらに重炭酸濃度,pH および二酸化炭素分圧の間には

$$\mathrm{pH} = 6.10 + \log \frac{[\mathrm{HCO_3^-}]}{0.0301 \mathrm{PCO_2}}$$

の式が成り立つ.したがって,動脈血の二酸化炭素分圧が約 40mmHg を保つレベルでの換気量では乳酸産生にともなう重炭酸の低下とともに pH が低下する.このためある程度 pH が低下すると,さらに動脈血の二酸化炭素分圧を低下させるほどの過換気を行うことで動脈血中の pH を維持しようとする.

2.6 運動と循環器系

2.6.1 心臓

心臓は血液を送り出すポンプである．およそ握り拳の大きさで，成人男性の場合約 280 グラムの重量がある．心臓を構成する心筋は骨格筋同様横紋を持つが随意意志では制御できない．心臓は心房と心室が左右に対になって存在している (図 2.43)．左心室はラグビーボールのような回転楕円体の形状をしており，右心室は左心室の表面を覆うような形状をしている．

心房と心室および心室と大動脈の間にはそれぞれ弁があり，逆流を阻止している．心房から心室への血流に対する心房収縮の効果は安静時にはわずかであるが，高強度の運動時にはかなりの割合を占めると考えられている．右心房と右心室からなる右心系は肺への血液の循環を担当し，左心房と左心室からなる左心系が体全体の循環を担当している．

心臓がなす仕事は圧に抗するエネルギーと血液に与える運動エネルギーの和になるが，安静時には運動エネルギーの占める割合は少ない．これが高強度の運動時には約 30%にもなる．

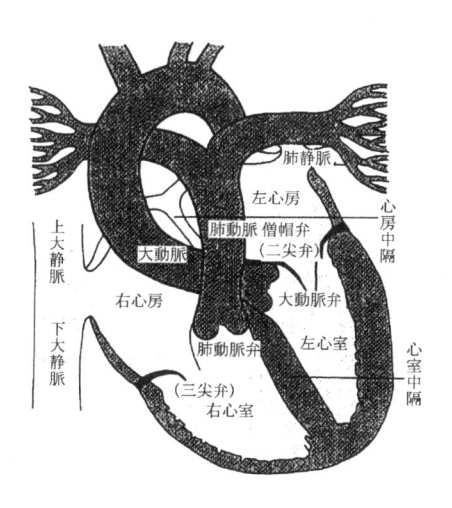

図 2.43 心臓の構造 (橋本，1987[13])

心臓が1分間に送り出す血液量を心拍出量と呼ぶ．心拍出量は心臓の単位時間あたりの拍動の回数である心拍数と心臓が一回に送り出す血液量である一回拍出量の積である．

一回拍出量を規定する因子は以下の三つである．1) 心臓に帰ってくる血液量 (前負荷)，2) 心臓の収縮力，および 3) 大動脈圧 (後負荷) である．

心臓を構成する心筋細胞は，骨格筋とは異なり，個々の細胞が固有のリズムを持って収縮することができる．個々の心筋細胞は異なるリズムを持つが，結合するとリズムの周期の短い方に同期する．この性質によって心臓は自働性を有することになる．

心臓の固有のリズムは洞結節で作られる．これが順次刺激伝導系 (図 2.44) を伝わって左右の心房および心室の収縮リズムを生み出す．何らかの理由で洞結節がリズムを作れない場合は心房が，心房がだめなら房室結節が，房室結節がだめなら心室が，という具合に心臓の拍動リズムを止めないよう数段にわたってバックアップシステムが作動するような仕組みになっている．

心臓の拍動は心臓自律神経系によって洞結節のリズムが調節される．心臓自律神経系は交感神経系と副交感神経系 (迷走神経と呼ばれることもある) による二重支配を受けている (図 2.45)．心臓交感神経系は心臓に対して促進作

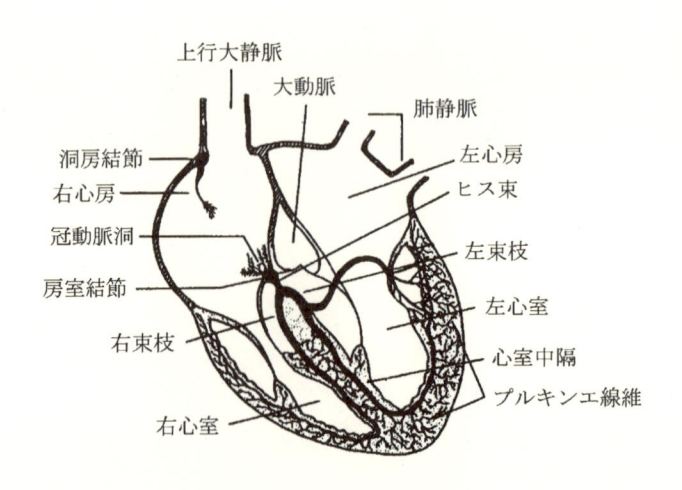

図 2.44　刺激伝導系 (Brooks, 1984[4])

用があり，心臓副交感神経系は抑制作用がある．心臓副交感神経の遠心性線維は延髄から直接心臓に信号を送っているが，心臓交感神経系の遠心性線維は脊髄の心臓亢進中枢と交感神経節を介して心臓につながっている．求心性線維はいずれも延髄に信号を送っている．

心拍数を変える要因としては，血圧の上昇により心拍数が減少し，血圧の低下により心拍数が増加する圧受容反射，呼吸，運動，体温上昇，情動行動 (怒りや精神的な興奮) などがあげられる．

安静時には心臓副交感神経系活動が優位であり，運動強度が低い間は主に心臓副交感神経系活動の低下によって心拍数は増加する．その後は心臓交感神経系活動の増加によって心拍数が増加する．図 2.46 は直立位での陸上運動時の心拍出量，一回拍出量および心拍数の応答を模式的に表示したものである．心拍出量は運動強度の増加とともに直線的に増加する．一回拍出量は運動強度ともに指数関数的に増加して最大酸素摂取量の 50%付近でプラトーに達する．心拍出量は一回拍出量と心拍数の積なので心拍数の応答は運動強度の低い時は緩やかな増加をするはずであるが，実際に計測してみると直線に近い増加が認められる．

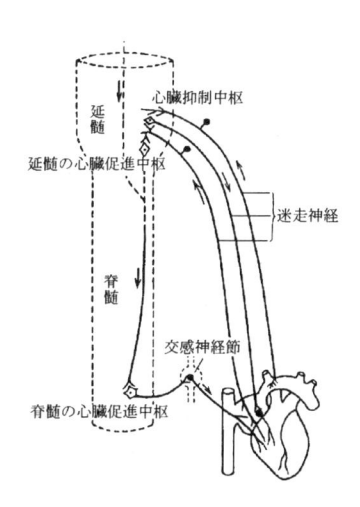

図 2.45 心臓の制御 (真島，1988[29]) より改変)

2.6.2 血圧

心臓から拍出された血液はまず大動脈に送られる．心臓からでる血液の流れは間欠的な拍動流であるが，動脈を流れる間に一定の流速を持つ定常流に近くなる．これは動脈の構造に理由がある．

動脈はそのまわりを血管平滑筋によって囲まれている．このことによって動脈はゴムのような弾性を持つと同時に，その硬さを変えることができる性質を持つ．心臓の収縮時に拍出された血液は一部は血管を膨張させ，その中に留まるが，残りは移動する．そして心臓が拡張する時大動脈弁が閉じ，血管に留まっていた血液は血管平滑筋の弾性力で押し出されることになる．

血管にかかる圧力を血圧と呼ぶ．心臓が収縮して血液が拍出され始める直後がもっとも血圧が高くなり，収縮期血圧，最高血圧あるいは最大血圧と呼ばれる．また，拍出が終り心臓が拡張して次の拍出が起こる直前が最も血圧が低くなり，拡張期血圧，最低血圧あるいは最小血圧と呼ばれる．

血圧が上昇すると血流も上昇するが，逆に心臓が血液を拍出するのに必要なエネルギーは増加する．WHOによると血圧の正常値は収縮血圧が140mmHg

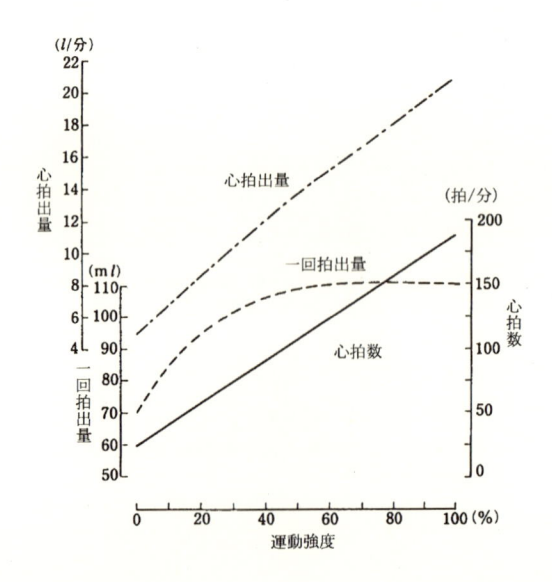

図 2.46　運動時の心拍出量，一回拍出量および心拍数の応答 (池上，1987[16])

2.6 運動と循環器系

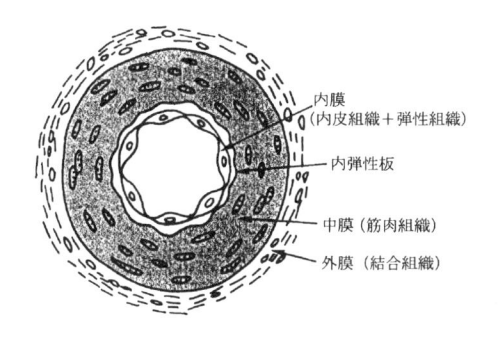

図 2.47 動脈 (橋本, 1987[13])

未満でかつ拡張期血圧が 90mmHg 未満であるとされている.

血圧は血管収縮神経と血管拡張神経によって自律的に調節されているが, 自律神経系の一般論とは異なり, 両神経は同一の血管を二重支配しているわけでもないし, また, 拮抗的でもない. この制御の中枢は延髄にある血管運動中枢である (図 2.48). ここには血管収縮中枢と血管拡張中枢が各々独立して存在している. 血管収縮中枢からの持続的なインパルスによって血管が収縮することにより血圧が維持される. 血管拡張中枢はこの血管収縮中枢からの持続的なインパルスを抑制する.

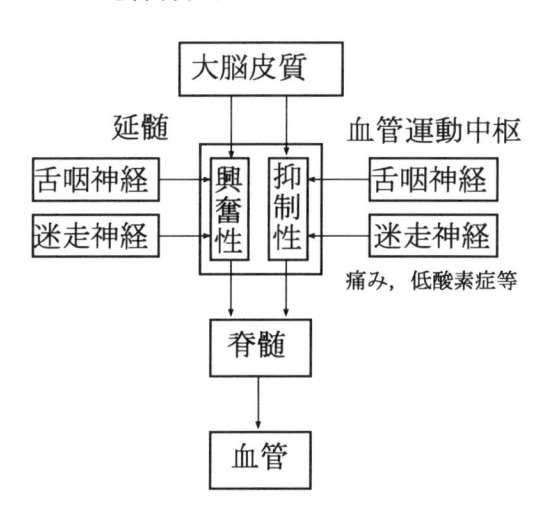

図 2.48 血圧の制御

血圧を変える因子としては大きく神経性の要因と体液性の要因がある．神経性の要因としては，頸動脈小体や大動脈小体の圧受容器および化学受容器からの入力や他の交感神経活動の亢進にともなう入力などがある．

血管はある意味で弾性のある閉塞管であるから血液量の増減により血圧も変動する．この血液量の増減はおもにホルモンによる体液性の調節機構である．これには，レニン-アンジオテンシン-アルドステロン系，バソプレッシン，ナトリウム利尿ホルモン，心房性ナトリウム利尿ポリペプチドなどがある．

図 2.49 は律動的な運動時の運動強度と収縮期血圧および拡張期血圧の応答を模式的に示したものである．運動強度の増加とともに収縮期血圧は上昇するが，拡張期血圧はほとんど変化しない．この増加の程度は関与する筋量によって異なり，トレッドミルのような全身運動では上昇の程度が低く，腕

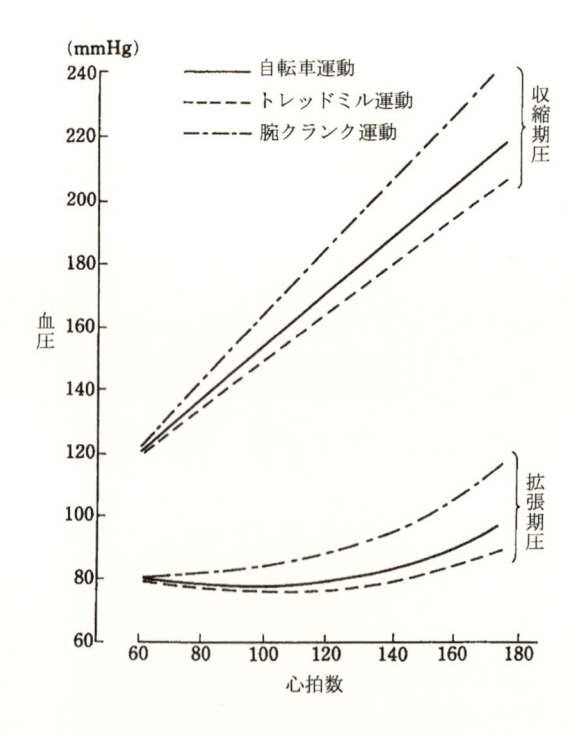

図 2.49 運動時の血圧の応答 (池上，1987[16])

クランクのように筋量が少ない場合は上昇の程度が高い．

バーベル運動のような様式やアイソメトリックな運動の場合は心拍数の増加は大きくないが，収縮期血圧および拡張期血圧はともに大幅な上昇が起こる．

2.6.3 呼吸・循環器系の適応

呼吸・循環器系のトレーニングに必要な運動の条件は大きく四つある．それは，1) 運動の様式，2) 運動の強度，3) 運動の持続時間，4) 運動の頻度である．

運動の様式としては律動的で多くの筋を使う有酸素運動である必要がある．有酸素運動の代表例としては，歩行，ジョギング，自転車，水泳などがある．テニス，バレーボール，バスケットボールなどの球技も運動強度の管理は難しいが，有酸素運動となり得る．

運動の強度は最大酸素摂取量の50%以上に相当する強度である必要がある．実際の強度管理では酸素摂取量を観測することは困難であるので，酸素摂取量と心拍数の間に直線関係が成り立つことから心拍数を代用することが多い．絶対値の酸素摂取量と心拍数の関係は，年齢，性別，体力レベルなど様々な要因によって影響を受けるが，相対値の酸素摂取量と心拍数の関係でみるとほぼ年齢による要因を考慮するだけでよいと考えられる．年齢別の運動強度と心拍数の関係は表2.4に示した．運動強度の管理に目標として用いられる心拍数を目標心拍数という．

表 2.4 運動強度と心拍数の関係 (橋本，1987[13])

運動強度 (%$\dot{V}O_{2max}$)	20歳代	30歳代	40歳代	50歳代	60歳以降
100	190	185	175	165	155
90	175	170	165	155	145
80	165	160	150	145	135
70	150	144	140	135	125
60	135	135	130	125	120
50	125	120	115	110	110
40	110	110	105	100	100

持久性のトレーニングをよく行っている者は，比較的運動に対する主観的なきつさの感覚が心拍数などの生理学的な指標とよい相関を持っているとされている．この感覚をスケーリングしたものが主観的運動強度である (表 2.5)．

代表的なものに Borg のスケールがあり，小野寺と宮下によって訳がなされている．

表 2.5　主観的運動強度 (小野寺，1976[48])

	ボルグの英語表示	日本語訳
20		
19	very very hard	非常にきつい
18		
17	very hard	かなりきつい
16		
15	hard	きつい
14		
13	somewhat hard	ややきつい
12		
11	fairly light	楽である
10		
9	very light	かなり楽である
8		
7	very very light	非常に楽である
6		

表 2.4 に示された運動強度と心拍数の関係は陸上運動でかつ姿勢が直立姿勢であることが前提である．通常はこの前提が崩れることは少ないが，水中運動の場合は注意が必要である．水泳の姿勢は多くの場合水平位で行われる．しかも水圧が体にかかるので陸上運動に比べ静脈環流量が増大する．このため水中運動では陸上運動よりも同じ酸素摂取量の水準において心拍数ははるかに少ない．一般に水中運動では目標心拍数を陸上運動よりも 10～15 拍/分低く設定する．

運動の持続時間は運動の強度に依存する．運動の強度が高ければ短時間でも効果はあるし，逆に低ければ長時間行う必要がある．最大酸素摂取量の 50～60%程度の強度運動する場合には 20 分以上行うべきである．運動の頻度

としては週3回以上行う必要がある．

数字の上で呼吸・循環器系のトレーニング効果を実証するためには2ヵ月以上の期間が必要である．呼吸・循環器系のトレーニングによる最大酸素摂取量の増大はおもに一回拍出量の増加にともなう最大心拍出量の増加によるものと考えられている．そのため呼吸・循環器系のトレーニングによる最大酸素摂取量の増大はかなり早い段階で頭打ちになる．その後は筋での酸化酵素活性などの増加により anaerobic threshold が出現する強度が増大するものと考えられる．

呼吸・循環器系の加齢現象は20歳代から始まると考えられており，骨や骨格筋に比べて開始時期が早い．加齢による呼吸・循環器系の能力の低下はほぼ年齢に対して直線的に進行する (図2.50)．

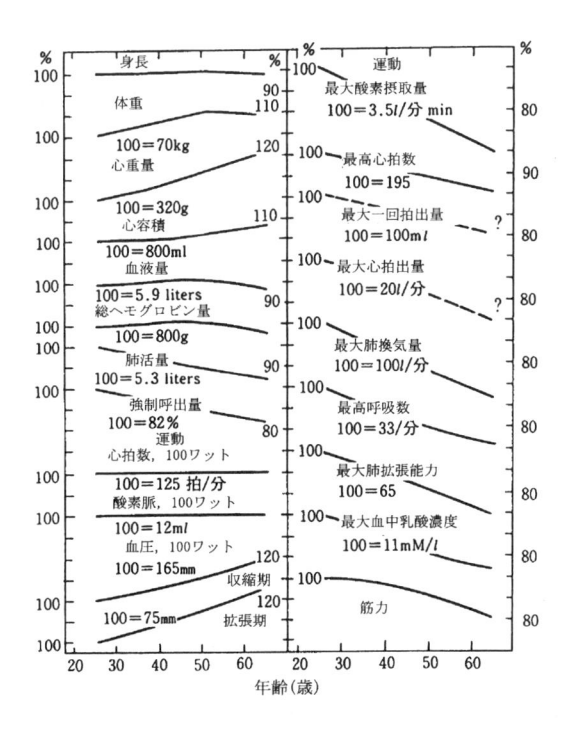

図 2.50　呼吸・循環器系の加齢現象 (橋本, 1987[13])

2.7 環境と生体の適応

2.7.1 温熱環境

われわれヒトを含め恒温動物は一般に高体温である．ヒトを構成している蛋白質の中には44℃で凝固してしまうものがあるので，体温は厳密に制御される必要がある．

体温は一様ではなく，体の部位によって異なる．その分布は環境の温度によっても大きく異なる．図2.51は冷環境と温環境における体温の分布状態を模式的に表したものである．冷環境と温環境とでは体温の分布は大きく異なるが，頭部および内臓の温度は環境温の違いに関わらずほぼ同じ値をとる．この頭部や内臓などの体の中心部の温度を核心温という．一般に体温というときはこの核心温を指す．核心温以外の部分を外層温と呼ぶ．外層温は気温の変化によって変わるが，核心温に対しては一定に保とうとする機構が働く．

熱の放散の形態には輻射，伝導・対流，蒸発などがある．輻射は電磁波による熱の出入りのことであり，同じ気温でも日差しがある場合はない場合より暖かくあるいは暑く感じるのは輻射によってもたらされるためである．椅座位安静を保っているときには総熱放散量の約60%は輻射によるものと考え

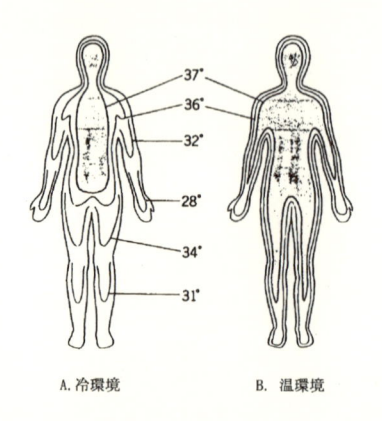

図 2.51 核心温と外層温 (Stegemann, 1981[57])

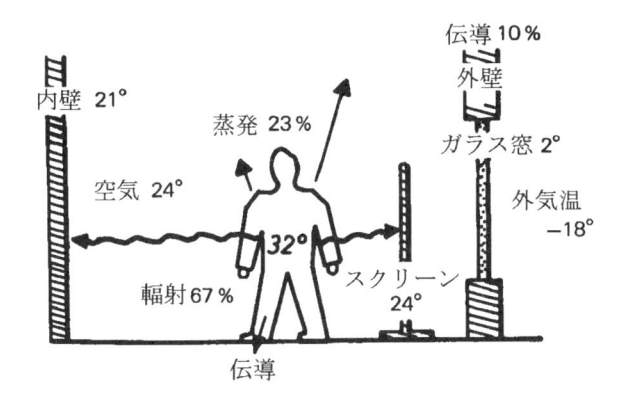

図 2.52 熱の放散 (Stegemann, 1981[57])

られる．この状態で次に熱放散が大きいのが蒸発によるものである．1g の水が水蒸気に変わるときに約 0.58kcal の熱が気化熱として奪われる．この蒸発による熱放散は最も効率のよい方法である．蒸発は呼吸に伴う水蒸気の放出，発汗および皮膚表面からの水の蒸発などによって起こる．残りは空気への伝導および対流と物体への伝導である．

　皮膚と空気との間の温度勾配は皮膚表面からわずか数 mm の距離の間で生じている．この部分を境界層と呼んでいるが，この境界層と空気の低い熱伝導率のおかげでサウナのような高温環境でもヒトは耐えることができる．

　体の深部から表面への熱の移動は伝導だけでは達成できないほど早く起こる．これは主に血液によって熱が移動することによる．血液の熱伝導率はほぼ水に近い値で，極めて高い数値である．動脈は主に体の深部を走行しており，これに対して静脈は体の表面近くを走行している．したがって，動脈はほぼ核心温であり，血液が静脈を流れるときは核心温との温度差で冷やされることになる．静脈は動脈と異なり，たくさんの分岐をとるのでその分表面積も大きくなり，ラジエターの効果を持つ．静脈の中には比較的皮膚表面近くを通るものと動脈に近い深部を通るものとがある．動脈の近くを通る静脈の血液の温度は動脈によって暖められるので比較的動脈に近い温度を示す．したがって，表面の近くを走行している静脈への血流が増大すると熱放散は促進し，逆に深部に近い静脈への血流が増大すると熱放散は抑制される．こ

の機構を対向流熱交換系と呼んでいる.

また,手足の先端部の動脈は直接静脈とつながる吻合と呼ばれる構造を持っている.通常この吻合は閉じているが,手や足の温度が高くなると吻合が開いて動脈から静脈へ直接血液が流れるようになる.これによって手や足の先の部分への血流は減少するが,熱の移動には効果的である.以上のように血流配分を変えることで熱の放散量をコントロールすることができる.

発汗は,環境温が上昇したときに熱の放散量を増大させる最も効果的な方法である.発汗により汗腺と呼ばれる腺組織から水と微量なミネラルが汗として放出される.汗腺には全身に分布し,希薄な汗を分泌するエクリン腺と腋の下,会陰部,顔面の一部などに分泌細胞の成分を含む汗を分泌するアポクリン腺とがある.体温調節に関与するのはエクリン腺だけであり,アポク

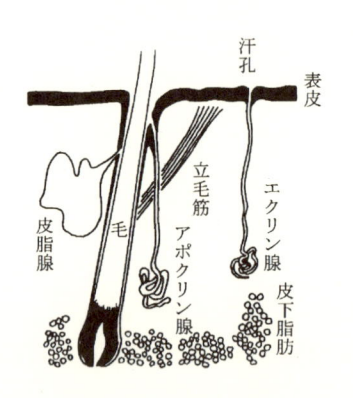

図 2.53 汗腺 (栃原, 1988[68])

リン腺は関与しない.エクリン腺は交感神経系によって支配されている.

環境温の上昇によって起こる発汗を温熱性発汗と呼んでいる.例えば室温を 25℃から一気に 35℃まで上昇させると一定の潜時を持って発汗が生じる.このとき手掌や足底では発汗量は変わらない.しかし,暗算などの心理負荷を与えると手掌や足底の発汗量は増大するが,その他の発汗は変化しない.このような発汗を精神性発汗と呼んでいる.温熱性発汗は潜時が長く回復も遅いが,精神性発汗は潜時が短く回復も速いのが特徴である.

皮膚表面にある汗腺の数は数百万あると言われているが，その全てが活動可能なわけではない．実際に活動可能な汗腺の数を能動汗腺数という．能

表 2.6 能動汗腺数 (堀, 1987[14])

人　種		能動汗腺数（万）
ロシア人		189
台湾人		242
タイ人		242
フィリピン人		280
日本人 生育地	日　本	228
	台　湾	272
	タ　イ	274
	フィリピン	278

動汗腺数は民族によって異なるが，遺伝的な要因よりも環境的な要因が強いと考えられている．それは同じ民族であっても異なる温度環境下で生活していると能動汗腺数が異なるからである．この能動汗腺数をきめる要因は乳・幼児期の温度環境が最も重要であると考えられている．

体内で発生する熱はエネルギー代謝の際に発生する．代謝によって生じるエネルギーが実際の仕事に使用される量は20〜30%である．エネルギー代謝は覚醒時には最低限基礎代謝によって維持されている．運動時には運動強度の増加とともにエネルギー代謝は増大するので必然的に熱の産生が増大する．食事によっても代謝は増大するが，その量は栄養素によって異なる．一般に蛋白質では大きく，脂質では少ないといわれている．低温環境でじっとしていると次第に筋の緊張が高まり，余分な熱産生が行われる．これでも足りない場合にはふるえによる筋収縮によって熱産生が行われるようになる．

ヒトは代謝によってエネルギーを産生し，輻射，伝導・対流，蒸発などの物理的な機序によって熱の放散を行っている．これらをまとめると

$$熱産生 \pm 輻射 \pm 伝導・対流 - 蒸発 = 貯熱量$$

となる．この貯熱量は長期的には0でないと，体温は上昇あるいは下降をしてしまう．熱の産生と放散のバランスを熱平衡という．熱平衡を得ることで

体温が維持されるわけだが，その調節には生理学的な制御よりも物理的な制御の占める割合の方が圧倒的に大きい．これは着衣・脱衣あるいは適温環境への移動などの行動による調節が重要であることを指している．

体温調節の中枢は視床下部に存在する．ここには温度の上昇を感知する温ニューロンと低下を感知する冷ニューロンが存在し，中枢および末梢における温度変化を感知して体温調節のための司令を発する．温度を感知する受容体は視床下部と皮膚の表面近くに多数存在する．それぞれの受容体は温度の上昇を感知するタイプと低下を感知するタイプがあり，前者の方が数は多い．温度の上昇を感知する受容体は温ニューロンに，低下を感知する受容体は冷ニューロンにそれぞれ情報を送っているが，受容体はサーミスターとしてではなくサーモスタットのような形式で情報を伝えていると考えられる．

図 2.55 は気温と安静時の循環動態の関係を示したものである．9.5℃および 22.0℃に比べて 34.5℃では時間とともに一回拍出量が低下するが，心拍数の上昇により心拍出量は変わらない．

運動は最も熱産生が大きい行為であり，特に高温環境においては熱放散が

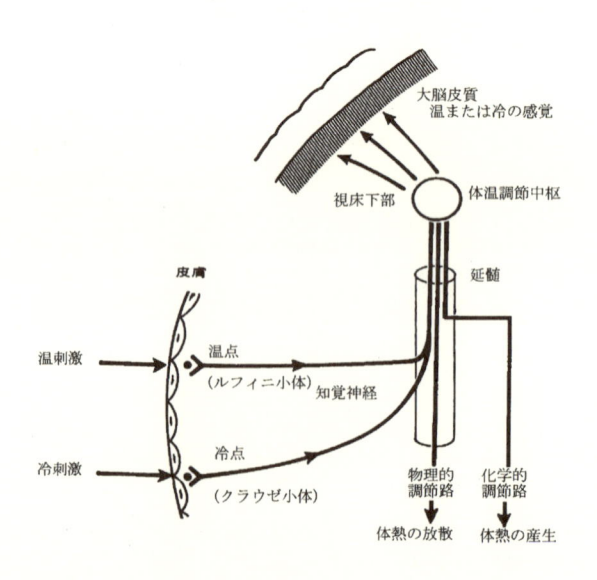

図 2.54　体温調節 (中野，1981[41])

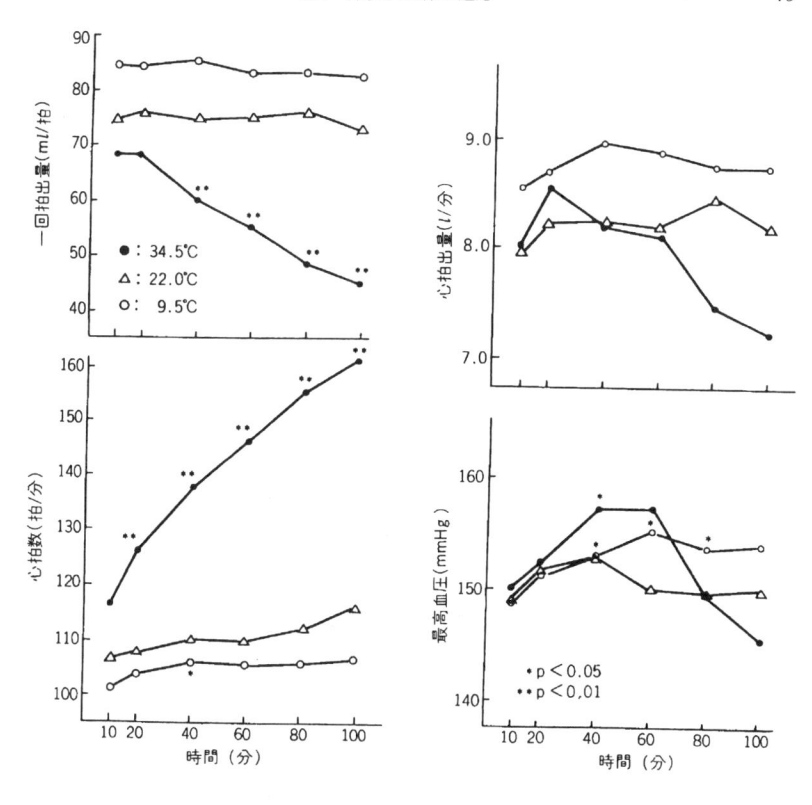

図 2.55 気温と安静時の循環動態 (栃原, 1988[68])

大きな問題となる．図 2.56 は 25.6 ℃ の常温環境と 43.3 ℃ と体温よりも気温が高い高温環境において，同一被験者における運動強度と血流配分の関係を示したものである．常温および高温のいずれの環境においても心臓および脳への血流は必ず確保される．運動強度の増加に比例して骨格筋への血流は増大するが，心臓や脳を除く内臓器への血流は逆に減少していく．流速の増加や発汗などが熱の移動を効率よくするため，運動強度と皮膚への血流量との関係は図からも明らかなように単純ではない．ヒトの体の 2/3 は水分であるが，発汗は体内の水分量を減少させるので高温環境下では制限を受けることがある．特に体温を超えるような高温環境下では輻射や伝導も熱を蓄積させるため，発汗が唯一の熱放散手段になってしまう．このため常温環境に比べ

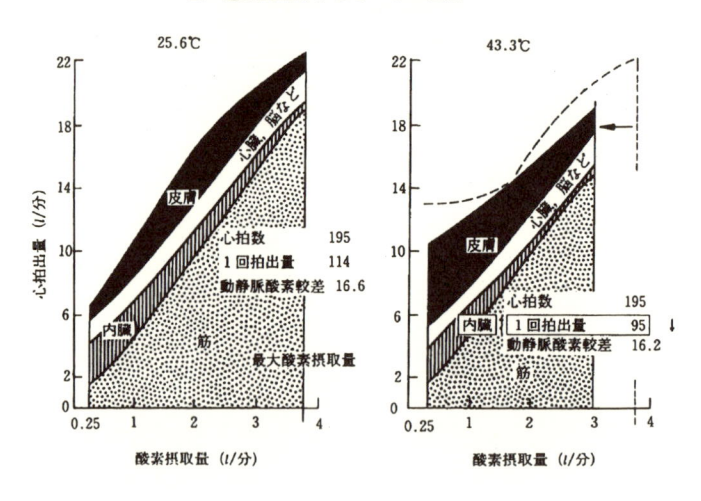

図 2.56 常温および高温環境と運動時の血流配分 (橋本, 1987[13])

かなり低い強度で疲労困憊に至る.

長時間の運動は発汗に伴う体内水分量の低下を引き起こすので運動時においても十分な水分摂取が必要となる. 図 2.57 は給水ありおよび給水なしの条件で同一被験者が同じ速度で 120 分間ランニングした時の心拍数と直腸温の変化を示したものである. 給水の如何に関わらず運動の持続時間が長くな

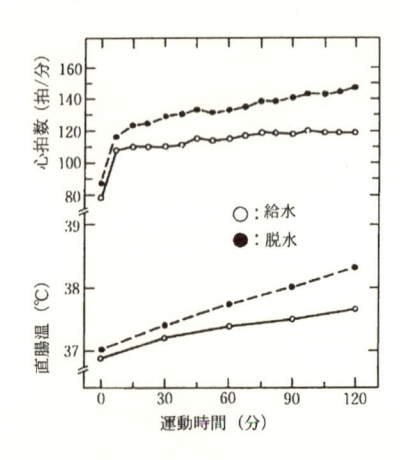

図 2.57 水分摂取と運動時の心拍数および直腸温 (橋本, 1987[13])

ると心拍数および直腸温は徐々に増加の傾向を示すが,給水をした方が増加の割合を押さえることができる.

通常陸上運動では空気は熱の伝導効率が極めて低いため,運動時の生じる熱をいかに効率よく放散するかがパフォーマンスに影響を与える.マラソンでは気温10℃ぐらいの環境が記録が出やすいといわれており,20℃を超える気温でのマラソンは暑熱下マラソンと呼ばれ,熱中症などの危険が高まるといわれている.

水中運動では水の熱の伝導効率が極めてよいため,陸上運動とは異なり,熱産生に対して放散のほうが上回ることが多い.図2.58は水中運動における水温と酸素摂取量の関係を示したものである.泳速が低いところでは水温が下がると酸素摂取量が大幅に増加する.これは余分な代謝によって熱を産生していることを示している.

気温が発汗に重要な影響を与えることはいうまでもないが,もう一つ湿度も重要な役割を果たす.発汗は汗腺から出た汗が気化して初めて放熱効果を生み出す.これを有効発汗と呼んでいる.汗が気化せず水滴となる場合は放熱効果を持たず,無効発汗と呼ばれる.図2.59は室温30℃の人工気象室内で異なる湿度条件で同一被験者が同一強度の運動を行ったときの発汗量を調べたものである.いずれの湿度条件でも汗の総量は変わらなかったが,相対

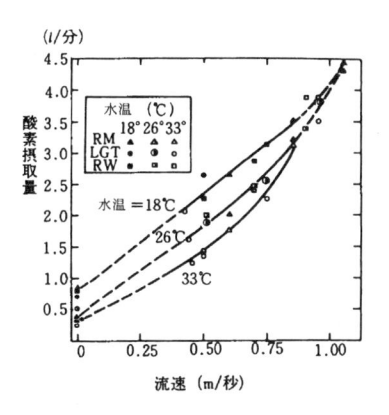

図 2.58 水温と水泳中の酸素摂取量 (橋本,1987[13])

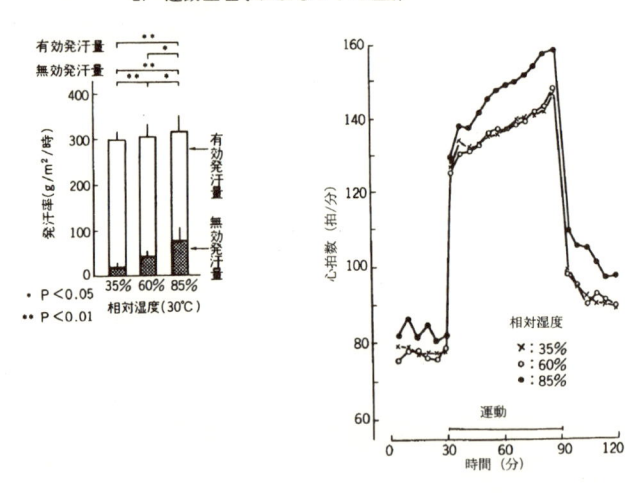

図 2.59　湿度と有効発汗量 (栃原, 1988[68])

湿度の上昇とともに無効発汗量が増加する．つまり，相対湿度の上昇は熱放散の効率を下げることになる．したがって，気温が同じであっても相対湿度が上昇すると運動時の心拍数は同一被験者で同一強度であっても増加する．

2.7.2　高所

地球上では大気の組成は酸素が 20.93% であり，窒素が 79.04% でどこにいってもこの値は変わらない．しかし，高所に登ると徐々に空気は薄くなっていく．ヘモグロビンの酸素解離曲線はシグモイド型の形状をしているので，図 2.60 でみられるように多少吸気の酸素分圧がさがっても動脈血の酸素飽和度はほとんど変わらない．しかし，約 2000m を超えるような高所では動脈血の飽和度は高度とともに減少していく．このような高所に平地から一気に環境を変えると頭痛，不眠，吐気などの症状を呈することになる．いわゆる高山病である．

図 2.61 は，高所をシミュレーションした人工気象室で運動した際の心拍数と換気量の応答である．通常換気量の制御は動脈血の二酸化炭素分圧に強く影響され，酸素分圧には影響されにくいが，2000m を超えるような高所では酸素分圧の低下にともない換気量は同一負荷強度でもより増加する．また，

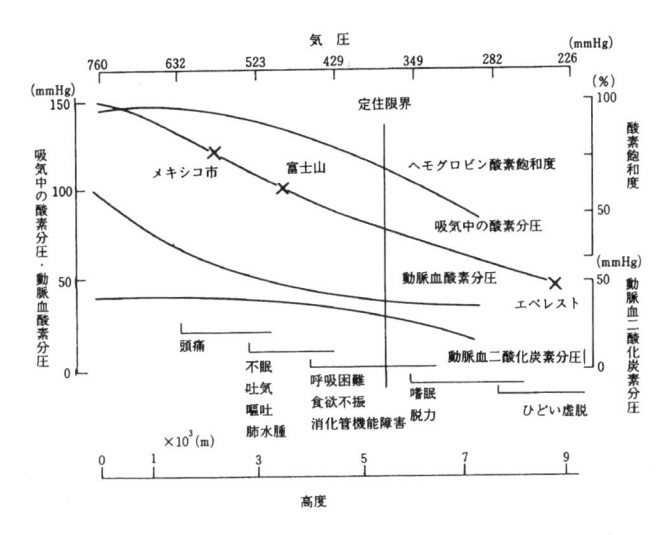

図 2.60 高度と酸素分圧，二酸化炭素分圧および酸素飽和度との関係 (橋本，1987[13])

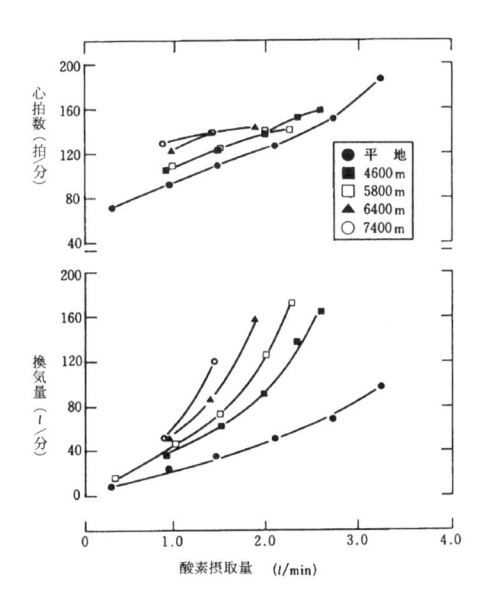

図 2.61 高所における酸素摂取量と心拍数との関係 (橋本，1987[13])

最大酸素摂取量を規定する最大の因子は酸素運搬能力 (心拍出量と動脈血の酸素含有量の積) であり，高所においても最大心拍出量は基本的には変わらない．しかし，吸気の酸素分圧の低下とともに動脈血の酸素飽和度が低下するため，最大の酸素輸送能力は減少し，最大酸素摂取量は低下する．最大下においてはおもに心拍数の増加によって酸素飽和度の低下を補っていると考えられる．

急性に低圧環境に暴露したときの適応はおもに換気量の増大と心拍数の増加によるものである．しかし，高所に定住している人たちの心拍数や換気量をみてみると，低地の人とあまり変わらない．これは慢性的に低圧環境に暴露されているなかで高所に対して馴化するからである．表 2.7 には高所馴化による呼吸・循環器系の適応をまとめたものである．血液中のヘモグロビン

表 2.7 高所馴化 (Brooks, 1984[4])

変化	効果
脳髄液中の重炭酸の減少と腎における重炭酸の排出	換気による CO_2–H^+ 制御の増加および酸素解離曲線の右方へのシフト
赤血球内の 2,3-DPG の増加	酸素解離曲線の右方へのシフト
血漿量の減少; ヘモグロビン濃度, 赤血球, ヘマトクリットの増加	血液の酸素輸送能力の改善
安静時および最大下作業時の心拍数の低下	正常な循環系の恒常性への回帰
肺血圧の増加	肺での灌流の改善
肺血管床の増加	肺での灌流の改善
ミトコンドリアの大きさと数の増加および酸化酵素の量的増加	筋の生化学的特性の改善
骨格筋血管床の増加	酸素輸送の改善
組織のミオグロビンの増加	細胞内酸素輸送の改善

濃度の増大が最大の適応要因であると考えられる．

高所馴化して血中ヘモグロビン濃度が高い高地の人が，低地でマラソンなどの長距離走を行えば有利であることは生理学的に明らかであり，事実エチオピアなどの高地に住む民族から優秀な長距離走者が出ている．そこで近年高所馴化を目的とした高所トレーニングが行われるようになってきている．図 2.62 は 3 週間の高所トレーニング中に最大酸素摂取量を計測した実験結果であるが，この実験では生理学的な効果は認められなかった．

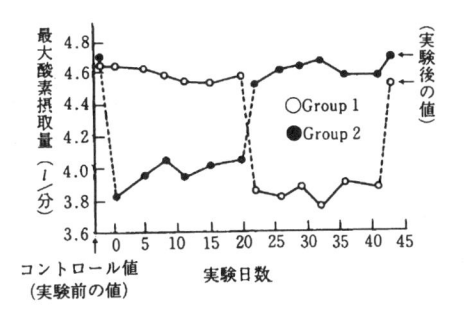

図 2.62 高所トレーニングと最大酸素摂取量 (橋本, 1987[13])

2.7.3 喫煙

日本人の喫煙率は成人男性で約 6 割であり，欧米先進諸国に比べるとかなりの高い数字である．一般に喫煙は鎮静効果があると信じられているが，実際には交感神経系活動を亢進させる．喫煙により生体内には，ニコチンやタールなどの微粒子と一酸化炭素などの気体が取りこまれる．

一酸化炭素は酸素よりもヘモグロビンとの結合能力が約 200 倍も強いため，体内に取りこまれた一酸化炭素は直ちに血液中のヘモグロビンに取りこまれて，CO–ヘモグロビンを形成する．したがって，多量の一酸化炭素の吸入は死に至ることもある．一酸化炭素とヘモグロビンの結合は可逆であり，

表 2.8 一酸化炭素中毒 (栃原, 1988[68])

Hb–CO	中毒症状
5	ほとんど無症状，血流増加
10	重運動すれば呼吸困難，心疾患患者では少ない運動で胸痛
20	軽い頭痛，視力低下
30	動悸，吐き気，頭痛
40	激しい頭痛，嘔吐，虚脱
50	意識不明
70	死亡

十分な酸素が供給されれば回復する．喫煙の常習者は常に一酸化炭素を吸入しているため，非喫煙者に比べて血中のヘモグロビン濃度が高いことが知られている．

微粒子であるニコチンは交感神経系活動を亢進させ，その影響は1本のタバコであっても数10分に及ぶ．図2.63は運動開始直前に喫煙したときの運動時および運動回復期の心拍数の応答をみたものである．喫煙により同一

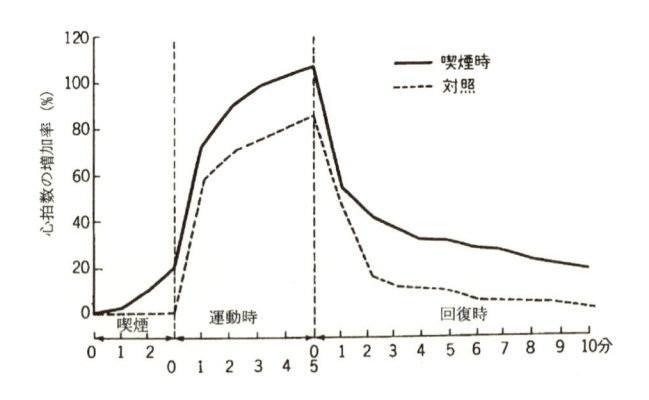

図2.63 喫煙と運動時の心拍数 (栃原，1988[68])

運動強度での心拍数は増加し，運動終了後の心拍数の回復が遅れることがわかる．

喫煙にともなうCO-ヘモグロビンの含有量は喫煙量と密接に関係している．そしてCO-ヘモグロビンの含有量と最大酸素摂取量の減少率との間には強い正の相関関係がある．

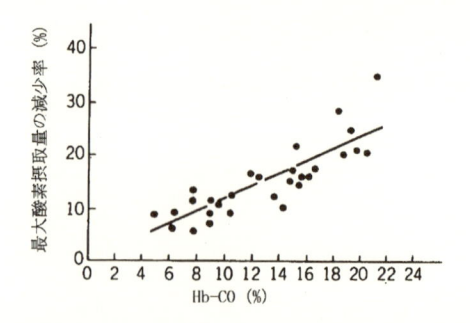

図2.64 CO-ヘモグロビンと最大酸素摂取量 (栃原，1988[68])

3

生体協同現象学によるヒトの理解

　運動生理学によるヒトの理解では中枢が末梢の状態を完全に把握し，全てを制御すると考えている．そして負のフィードバックにより生体恒常性が維持されていると考える．

　ところで生体恒常性は homeostasis の訳語であると考えられているが，homeo は本来「およそ同じ」あるいは「類似する」という意味であり，「同一の」を意味する homo は使われていない．そのまま訳せば生体概常性とでも訳すべきものである．実際生体では機械論的な制御では説明しにくい事象が多々観察される．それは生体に存在するリズム現象あるいはゆらぎ現象である．これらの現象は機械論的な中枢による末梢の完全な制御という原理に代わるあらたな枠組を必要としている．ここでは生体における幾つかの現象を自律的なサブシステムからなる自律分散システムの協同現象としてとらえ直してみたい．このようなアプローチはまだ確立されたものとはいいがたいが生体協同現象学と呼ぶことにしておく．このアプローチは人によっては複雑系という言葉をあてはめるかもしれない．

3.1　生体のリズム現象

　花の中にはいつも決まった時間に開閉を行うものがある．18世紀のスウェーデンの博物学者であるリンネは花の開閉時刻を丹念に調べ，1時間毎に開閉が異なる花を花壇に植えることで30分の誤差で時刻を知り得る時計のようなものを考案した．これはリンネの花時計として知られている (表 3.1)．このような花の開閉は一種のリズム現象と考えられる．

表 3.1 リンネの花時計

午前 6 時	斑入りオウゴウ草の開花	午後 1 時	オデシコの閉花
7 時	センジュギクの開花	2 時	ルリハコベの閉花
8 時	ヤナギタンポポの開花	3 時	秋咲きタンポポの閉花
9 時	オニノゲシの閉花	4 時	ヒメヒルガオの閉花
10 時	ヤブタビラコの閉花	5 時	白スイレンの閉花
11 時	ベツレヘムの星開花	6 時	オオマツヨイグサの閉花
正午	トケイソウの開花		

リズム現象は数学的には三角関数で表現することができる.

1回の繰り返しに要する時間を周期と呼び,その逆数が周波数である.1回の繰り返し中にとる最大値を振幅と呼び,最大値をとる時間を頂点位相と呼ぶ.同じ周期で振動する二つのリズムが存在し,二つのリズムのずれを位相と呼ぶ.

図 3.2 は人工照明下でラットを飼育したときのラットの食餌量の記録である.ラットは夜行性なので主に照明のついていない暗期に食餌をしていることがわかる.図のように照明がついている明期に食餌をとらず,暗期に食餌をとるというように1日の中で交代するリズム現象を日内変動と呼ぶ.ここである時点から連続的に暗期にしてもラットはほぼ 24 時間の食餌のリズムを維持していることがわかる.しかし,そのリズムの周期は正確に 24 時間ではなく,24 時間よりもわずかに長い.このように 24 時間のリズムの日内変動があったとき,時間の手がかりがない状態を自由継続と呼ぶ.自由継続によってもリズムが生じているということはそのリズムが外から与えられた

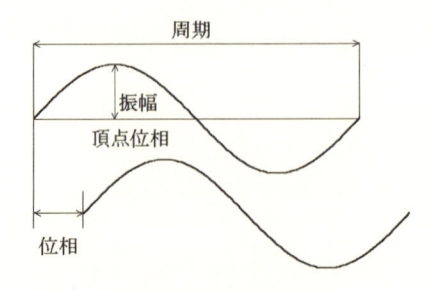

図 3.1 リズムの特徴の名称

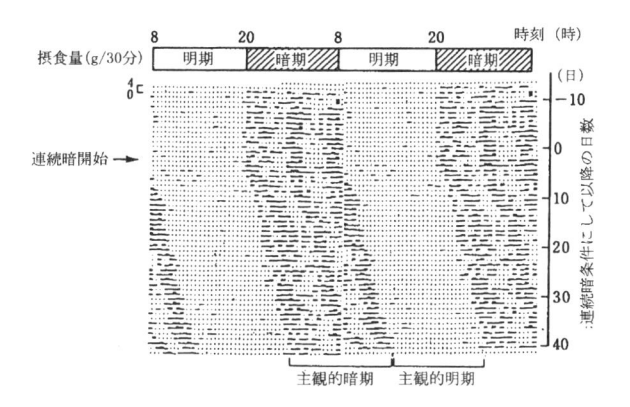

図 3.2 日内変動と自由継続 (中川, 1991[39])

ものではなく，生体内部にリズム生成器が存在することを意味する．ミネソタ大学の Halberg は，生物に認められる日内変動を自由継続させたときにそのリズムが正確に 24 時間ではない現象を概日リズム (circadian rhythm) と名付けた．

図 3.3 は同じラットの実験であるが，途中から暗期と明期の繰り返しを 6 時間ずらし，またもとに戻したときの実験結果である．これはリズムの位相を 6 時間前進させ、次に 6 時間後退させた事になる．位相をずらした場合直ちに食事のリズムはずれた位相に同調するわけではない．前進に対しては約

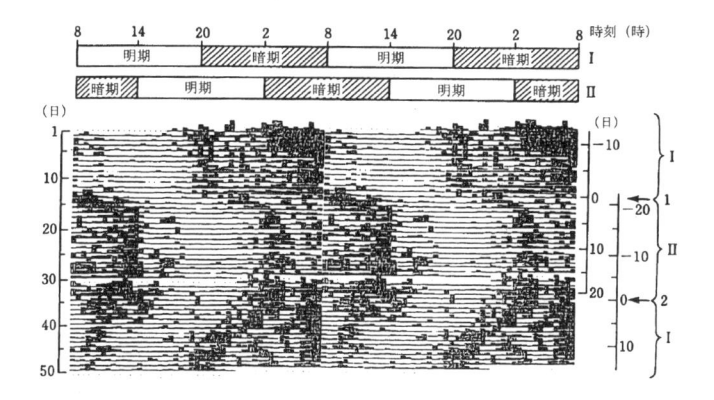

図 3.3 位相の前進と後退 (中川, 1991[39])

1週間でずれた位相に同調したが，後退に関しては約10日ほどかかっている．これは概日リズムが24時間よりも長いため，位相の前進に対しては同調しやすいが，後退に対しては同調しにくいためと考えられる．

　生体リズムの日内変動は動物だけではなく，ヒトでも観察される．千葉[5]は覚醒から睡眠までの間1時間ごとに舌下温，心拍数，2分間推定，左右の握力および目と手の協調などの計測を行った．目と手の協調は，皿にのせた豆を箸でつまんで別の皿に移すのに要する時間を計測したものである．全ての項目で日内変動が観察された．

　図3.4も同様に別の研究者によって調べられた生理学的諸変数の日内変動であり，その頂点位相を示したものである．図にあるように多数の生理学的変数に日内変動があり，その頂点位相は昼間の活動期にあるものが多い．最低血圧，皮膚の有糸分裂，リンパ球，好酸球などが夜間の休止期にピークがある．夜更かしは免疫機能を低下させるかもしれない．

　ヒトに認められる日内変動が生体内のリズム生成器によって作られる概日リズムに同調したものか，それとも外部要因にリズムがあってみかけ上リズムがあるように見えるのかという区別は，実際に時間の手がかりを与えない自由継続を行い，それでもリズムが存在するか否かを確認しなければならない．ヒトの場合は倫理的な問題があり，実験そのものの量が極めて少ない．

　時間の手がかりを与えない自由継続の初期の実験は主に洞窟などで生活することでなされていたが，近年では大掛かりな居住施設を作って実験が行われている．図3.5は，体温，睡眠深度，成長ホルモンおよびコルチゾールの濃度を自由継続条件で継続的に計測した結果である．いずれの項目にもリズムが認められ，内因性のリズムであることがわかる．

　すでにみたように体温は内因性のリズムを持ち，その周期は一般に約25時間の概日リズムであることが知られている．しかし，ヒトによっては概日リズムを持たない場合やあってもその基本周期が24時間からかけ離れている場合がある．図3.6の例では約33時間の基本周期を持つ例が示されている．このように24時間からかけ離れたリズムを持っている場合24時間のリズムに同調することが困難となり，日常生活に支障をきたす場合もある．

　新生児において概日リズムが形成され，昼夜のリズムに同調するまでには

3.1 生体のリズム現象

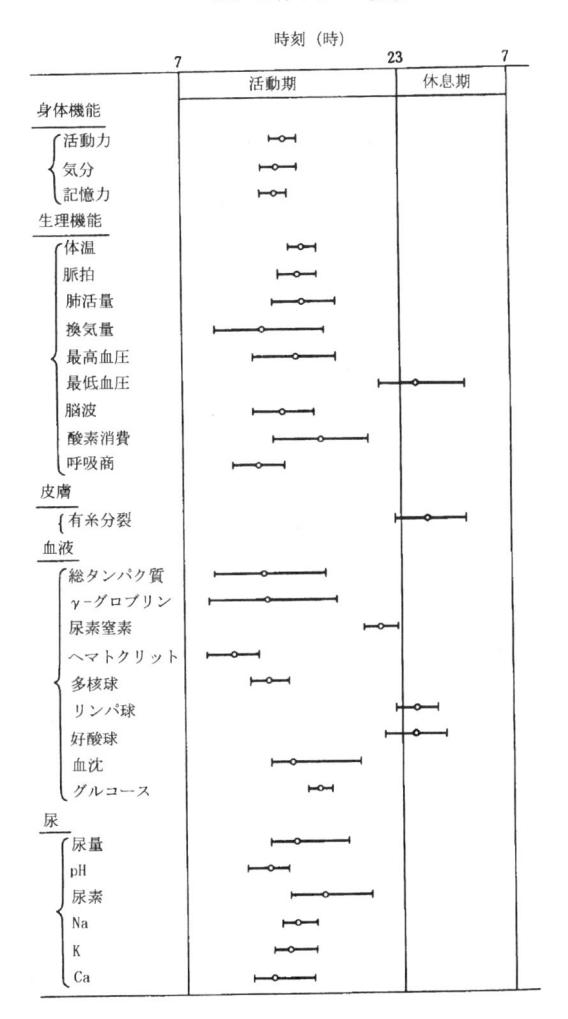

図 3.4 頂点位相 (中川, 1991[39])

かなりの日時を要する．新生児における授乳のリズムは生まれた直後は約 4 時間という短い周期である．このリズムは周期が徐々に長くなり，夜間の授乳がなくなるまでには約 15 週間ほどかかる．一般にヒトは生理学的な早産であるといわれており，概日リズムの形成とその同調に関しても生後かなりの日時をかけて獲得している．

睡眠や覚醒といった日内変動は松果体から放出されるメラトニンというホルモンが重要な役割を果たしている．そのため初めは松果体に概日リズムの生成および同調の機構があると思われていたが，その後の研究で視交差上核と呼ばれる左右の視覚情報の伝達路が交差するところに位置する一群のニューロンが概日リズムの生成および同調の機構に深く関与していることが明らかとなった．

概日リズムが昼夜のリズムに同調するための因子は，社会的な要因もあるといわれているが，基本的には視覚の特に明るさの情報が重要であると考えられている．同調に必要な明るさは数千ルクスといわれており，夜間の通常の照明による明るさが数百ルクスなので人工灯で達成するにはきわめて強い光が必要である．しかし，都会においてはネオンなどから発する光で達成される場合があるので注意が必要である．太陽光は曇天であっても1万ルクスを超えるといわれている．

睡眠と覚醒のリズムは概日リズムを持つことはすでに見たが，睡眠中の眠りの深度をみてみるとやはりそこにもリズムのような現象が観察される．この睡眠の深度は主に脳波を使って計測しているが，その脳波にもリズムが観察される．脳はニューロンの集合体であり，情報伝達に活動電位を用いてい

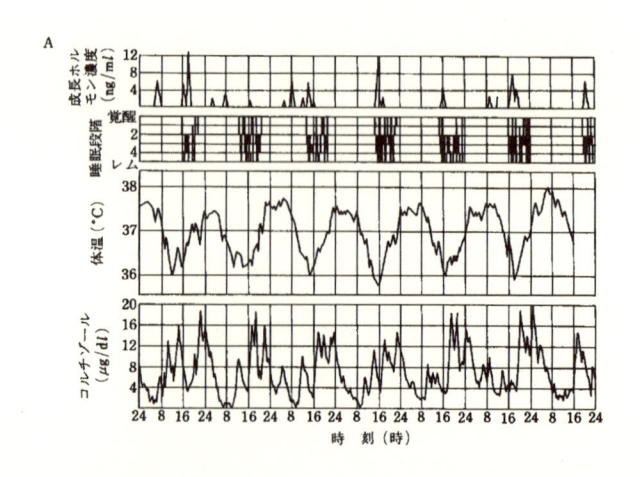

図 3.5　自由継続下のリズム (中川, 1991[39])

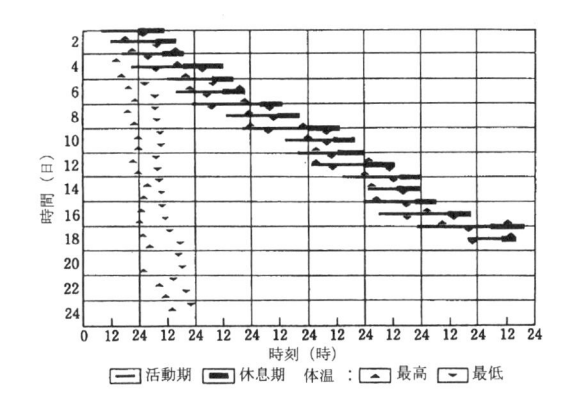

図 3.6 概日リズムの異常 (中川, 1991[39])

るため，電位の時空間的な足し合わせが，体表面上から脳電図として観測される．脳電図は一般にリズムを刻むため，脳波と呼ばれる事の方が多い．脳波が生じるためには多数のニューロンが同時に活動あるいは休止するという同調が必要になるが，そのメカニズムはわかっていない．

脳波そのリズムの周期で，α 波，β 波，δ 波，θ 波に分類される．覚醒時にリラックスしている時に観察される脳波は α 波である．緊張した状況では β 波が増える．逆に睡眠中は θ 波が主体であり，深い睡眠では δ 波が観察される．

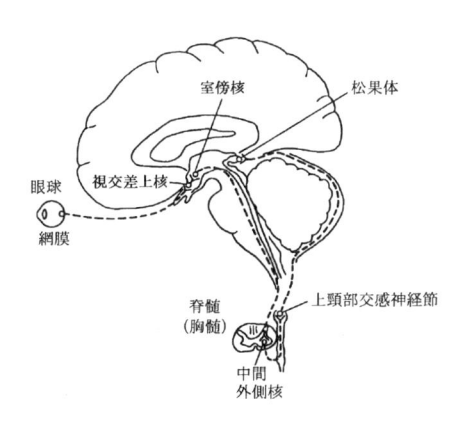

図 3.7 リズム同調の機構 (中川, 1991[39])

脳波を使って睡眠の深度は入眠期，軽睡眠期，中等度睡眠期および深睡眠期の4段階に分類される．

睡眠中筋の緊張度は低下するが，脳波は α 波となり，急激な眼球運動などあたかも覚醒しているような状態が生じることがある．この睡眠を Rapid Eye Movement の頭文字をとって，レム睡眠と呼ぶ．これに対して通常の睡眠をノンレム睡眠と呼んでいる．レム睡眠の生理学的な意義については現在でもよくわかっていないが，レム睡眠時に無理やり覚醒させるとほとんどの被験者で夢をみていたことが報告されている．

図3.11 はある被験者の睡眠時の睡眠深度の時間推移をみたものである．入眠とともにすぐに深睡眠まで到達するが，1時間半ほどすると睡眠は浅くなり，レム睡眠となる．睡眠中睡眠深度は 90〜120 分のリズムを持って深度がかわる．この 24 時間よりも短い周期のリズムをウルトラディアンリズムと呼んでいる．

先進諸国ではいずれも経済発展とともに昼夜を問わない勤務形態の職種が増えてきている．昼間の勤務から夜間への勤務交代は日内変動リズムを 12 時間ずらすことであり，生体のリズムは短期間では同調しない．図 3.12 の例では体温の日内変動リズムの同調に 1 週間以上かかっている．しかも，16 名の被験者のうち 3 日目まで参加できたのはわずか 6 名であった．この 6 名

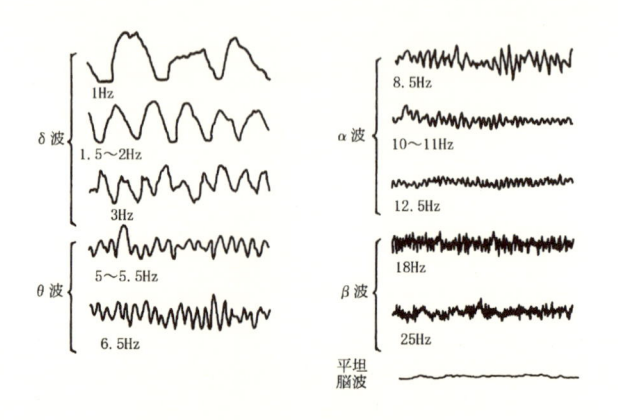

図 3.8　脳電図の波形 (中野, 1981[41])

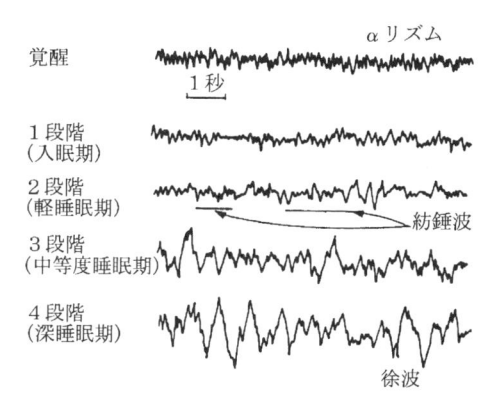

図 3.9 睡眠の段階 (中野，1981[41])

は3週間後まで勤務することができていた．リズムの同調しやすさは極めて個人差が大きいことがわかる．勤務時間が固定せずに24時間の中で交代するような勤務形態のときは時計回りの時間差の方向にずらすほうが同調しやすいことが知られている．これは概日リズムがヒトの場合24時間よりも長いことに起因する．

生体内に多くのリズム現象があることが知られるようになると，そのリズムを積極的に活用しようとする研究が行われるようになる．図 3.13 は思春期の肥満傾向のある男女に対して1日の摂取熱量は同じであるが，食事回数を変えた実験例である．1日3回の食事回数では皮下脂肪の厚さが平均で増

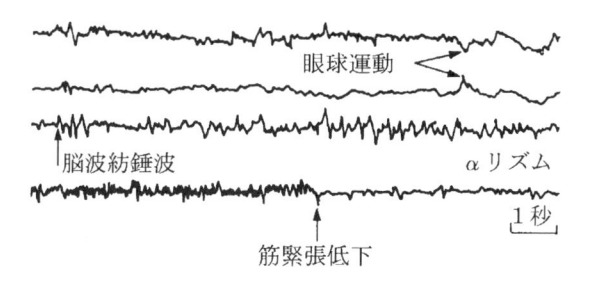

図 3.10 レム睡眠とノンレム睡眠 (中野，1981[41]) より改変)

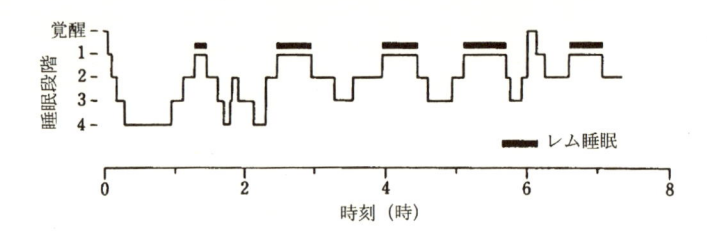

図 3.11 ウルトラディアンリズム (中川, 1991[39])

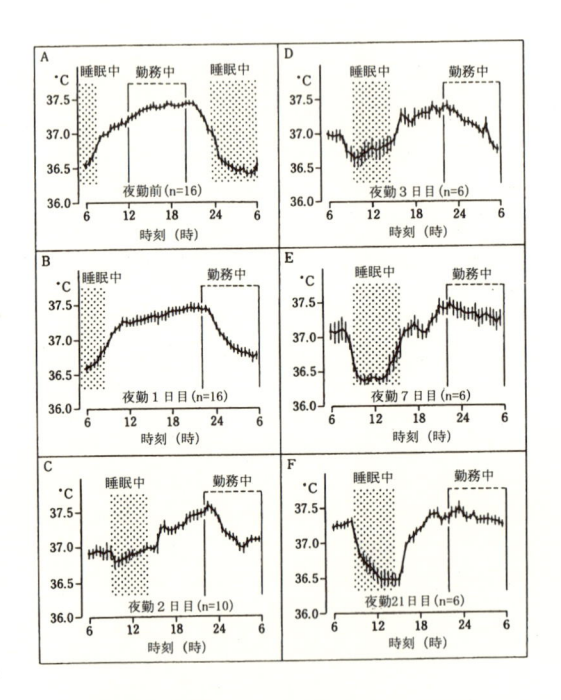

図 3.12 昼夜のリズムの反転 (中川, 1991[39])

加したが，5回および7回ではほとんど増加していない．
　医学の分野でも投薬の時間を厳密にコントロールすることで治療効果の大幅な改善が認められることが近年明らかになってきた．このようなアプローチは時間薬理学とか時間治療学などと呼ばれている．

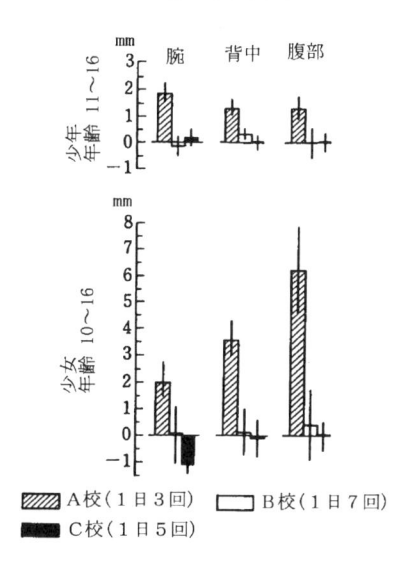

図 3.13 食事のリズムと肥満 (中川, 1991[39])

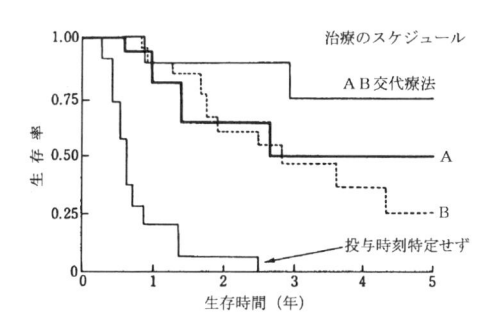

図 3.14 時間薬理学 (中川, 1991[39])

3.2 生体のゆらぎ現象

前節で述べた生体のリズム現象は，生理学の分野でもきちんと取り上げられている研究領域でもあり，機械論的な生体恒常性を取り込んだ形での説明ができないわけではない．それは生体内の設定値がきちんとしたリズムを

持っているということになるだろう．しかし，ここで取り上げる生体のゆらぎ現象は従来雑音として無視されてきたものである．近年この一見雑音とみられる現象の中にもある種の秩序構造が認められるという考え方が登場することになる．これは従来の機械論的な考え方では理解不能な現象であり，生体恒常性という従来の生理学の根幹を揺るがすような現象への理解である．このような現象の一例として心臓の拍動リズムのゆらぎについて取り上げることにする．

3.2.1 心拍変動性

心臓の拍動は古来非常に正確だと思われていた．一説にはガリレオが振り子の等時性を発見したとき自身の脈拍を使って計時という逸話がある．実際には心臓の拍動は一拍動毎に異なり，心拍変動性などと呼ばれている．文献的には18世紀にすでに心拍変動性と思われる報告があるそうだが，心拍変動性の存在が認識されるようになるのは今世紀に入って心電図の計測が可能になってからである．

心臓は自働性を持って拍動しているが，そのリズムは自律神経系によって変調されている．そのため拍動に付随して電気的な活動現象が生体表面から観察することができる．これが心電図である．図3.15は鎖骨の中心と左わき腹に電極を置いたときの二点間の電位差を増幅して表示した心電図の一例である．心電図は脳電図や筋電図に比べるときれいな波形をしており，波形の形状そのものにも情報が含まれている．最初の小さな山がP波であり，心房の収縮を示している．次のQ波，R波およびS波はそれぞれ心室中隔，左室および右室の収縮を表している．その後のT波は左室収縮後の電気的な回復過程である．

健常者の安静時の心電図は心臓拍動のリズムに合わせて一見規則正しく描かれるように見える．今図3.16のようにR波とR波の間隔を1msecの単位で連続的に計測し，プロットすると図3.17が得られる．

時間とともに変化するデータを時系列と呼ぶ．一般に健常者の場合図3.17のようなゆらぎを持つRR間隔の時系列データが得られる．心電図学の初期にはこのようなゆらぎが大きくなって不整脈を引き起こし，最終的に死に至

ると考えられていた．

しかし，このゆらぎは健常者に一般的に観察される現象であり，むしろ神経症を合併症として持つ糖尿病患者の方がメトロノームのように正確な拍動をすることからゆらぎを持つ方が正常であるという考え方に変っていく．この考え方を決定付けたのは心臓移植患者において心拍変動性が認められないという事実である．心臓移植患者の心臓は完全に自身の自働性だけでリズムを形成している．心臓が固有に持つリズムにはゆらぎがなく，心臓が自律神経系によって制御されるとゆらぎが生じることになる．

ゆらぎは一種の雑音である．その雑音の発生源が自律神経によるものであることから，雑音の中に発生源の情報が何らかの形で埋め込まれていることが考えられる．

雑音は工学的には大きく，規則的な雑音と不規則に変化する雑音に分けられる．さらに不規則な雑音は時間とともに全体として増加あるいは減少などの傾向を持つ非定常な雑音とほぼ一定の値をとる定常な雑音に分けられる．心拍変動性は雑音の分類からすると定常不規則雑音に分類される．定常不規則雑音は周波数解析の手法を用いることで信号内に周期的な変動が存在するか否かを調べることができる．

定常不規則雑音の周波数解析としてよく用いられる手法がフーリエ変換で

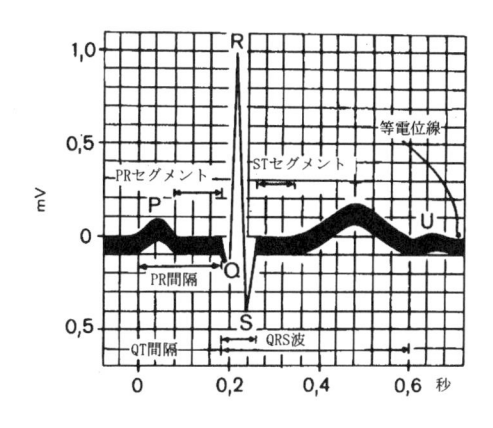

図 3.15 心電図 (Stegemann, 1981[57])

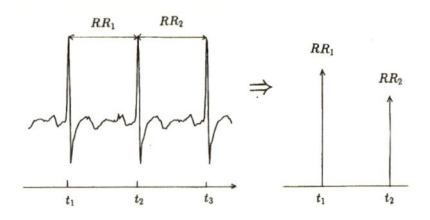

図 3.16 RR 間隔

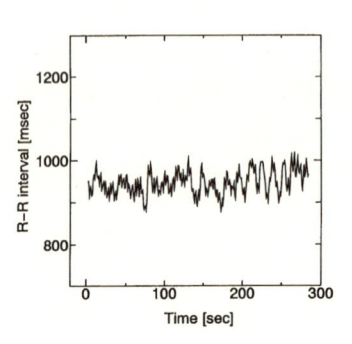

図 3.17 RR 間隔の時系列データ

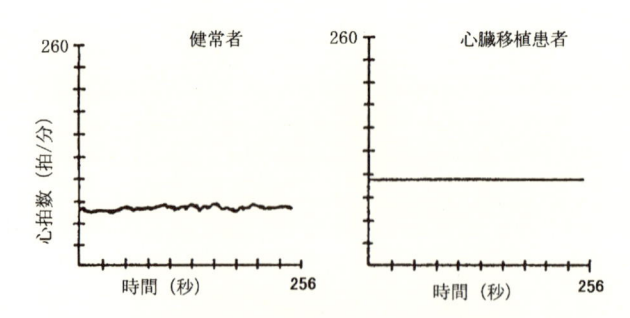

図 3.18 健常者と心臓移植患者の心拍変動 (Sands, 1989[52]) より改変)

ある．フーリエ変換の数学的な表現は，時系列データ $f(t)$ とすると，

$$F(\omega) = \int_{-\infty}^{\infty} f(t)e^{j\omega t}dt$$

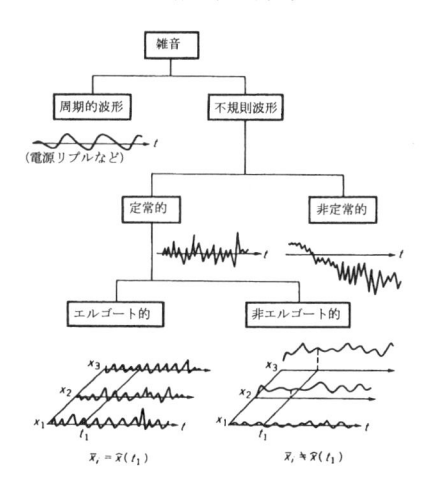

図 3.19 定常不規則雑音 (南, 1986[33])

であり，ここからパワースペクトル密度 $S(\omega)$ を

$$S(\omega) = \lim_{T \to \infty} \frac{1}{T}|F(\omega)|^2$$

として算出する．

　これをもっと直感的に理解できるように考えてみることにしよう．フーリエ変換は時間領域の信号を周波数領域に置きなおすための算術方法である．リズム現象は一般に三角関数で表現する．例えば余弦波は時間領域で表現すると図 3.20 の (a) のように描くことができる．これを周波数領域で表現するとある周波数のところにある振幅を持つ波が一つあるという表現になる．このとき振幅ではなく，振幅の二乗を描くことにする．厳密性には欠けるが，これがパワースペクトル密度であると考えてよい．図のように線スペクトルとして表示される．振幅は同じで周期が短くなると，線スペクトルは高さが同じでより高い周波数にプロットされる．周期の近い波が二つ合成される唸りが生じ，時系列でみるとわずか二つの波の合成でもかなり複雑な変動としてプロットされるが，周波数領域で見ると振幅が等しい近い周期の波が二つあることが一目瞭然である．このように複雑な波の中に周期的な現象があるか否かを確認するには時系列データを周波数の領域に置き換えればよいこと

がわかる．

　心電図 RR 間隔の時系列データを周波数解析してみると健常者では一般に二峰性のピークが観測される．高周波領域は主に副交感神経系活動の影響を受けており，ピークが出現する周波数はほぼ呼吸周期に一致する．低周波領域は交感神経系および副交感神経系の両者の影響を受けており，0.1Hz 付近にピークが認められる．

　図 3.22 は健常者が仰臥位と立位において安静を保ったときの心拍変動性を比較したものである．RR 間隔の時系列データからも明らかなように立位では平均の RR 間隔が低下しており，心拍数が増加している．同時に変動性をみると立位では明らかに仰臥位に比べて低い周波数のリズムが優位である．図の右側が周波数解析によって計算されたパワースペクトル密度であるが，立位によって高周波領域のパワーが減少し，低周波領域のパワーが増大していることがわかる．

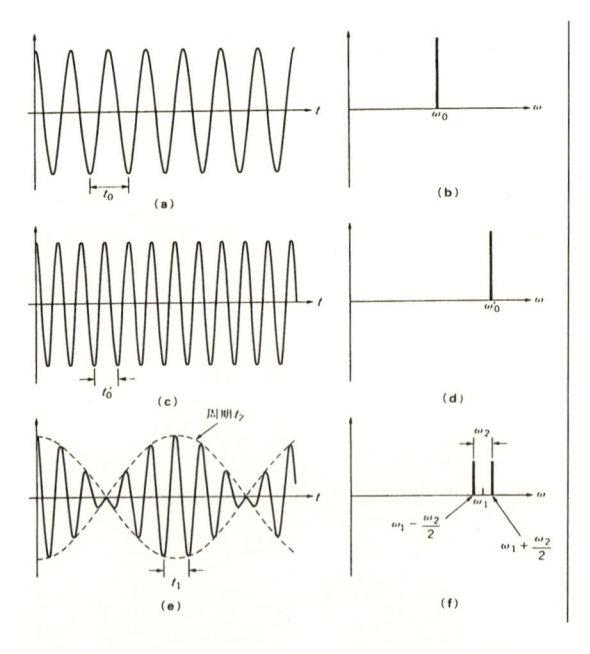

図 3.20 時間領域と周波数領域でのリズムの表現 (南，1986[33])

このように心拍変動性を周波数解析することで従来定量化が困難であった自律神経系活動を定量評価する可能性が示されている．しかし，心拍変動性が生じる生理学的なメカニズムは完全には解明されておらず，個体差の問題や指標の計算方法など解決すべき問題は多い．

3.2.2 フラクタル

心拍変動性は一種の雑音である．この雑音から雑音源とみられる自律神経系の活動が評価できることを前項で述べた．従来は雑音とみなされていた現象にその生理学的な意味が明らかになると，むしろ積極的な意義を見出そうとする考え方がでてくるのは当然である．

心拍変動性の周波数解析からは心拍リズムの周期的な変動性だけでなく，もう一つ非周期的な変動性を見出すことができる．図 3.23 は，数時間にわたる心電図 RR 間隔の時系列データを周波数解析した例であるが，前述の周波数解析とは異なり，結果を両軸とも対数変換して表示してある．このよう

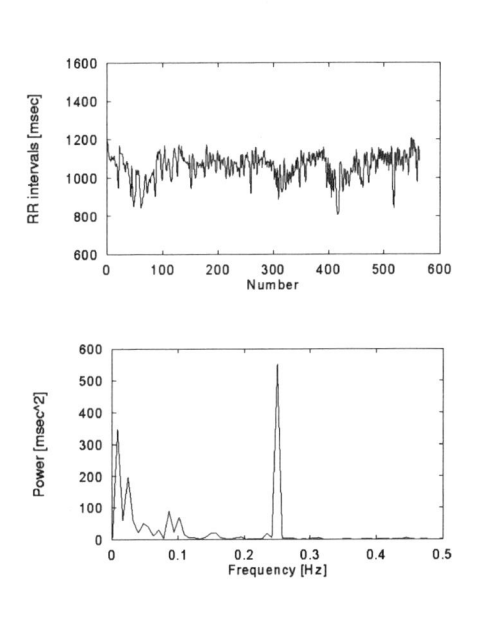

図 3.21　周波数解析

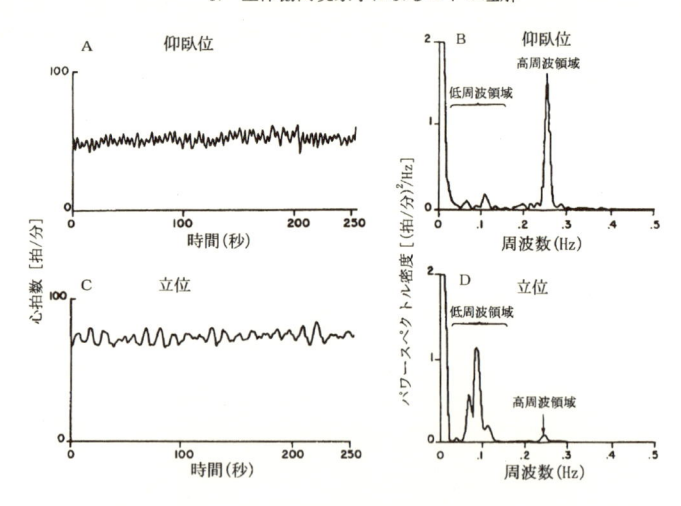

図 3.22 仰臥位と立位における心拍変動性 (Pomeranz, 1985[50])

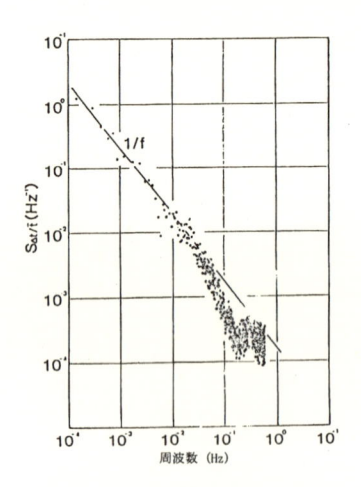

図 3.23 1/f ゆらぎ (Kobayashi, 1982[25])

な両軸の対数変換による表示は工学の分野では一般的な表示方法である．このような表示にすると周波数に対するパワースペクトル密度の分布がちょうど傾き -1 の直線上にのることがわかる．このような変動性を 1/f ゆらぎと呼んでおり，健常者が安静にしているときは一般に観察される．

1/fゆらぎに限らず,両軸の対数変換によって傾きが直線にのる分布をべき分布と呼んでいるが,この分布には幾何学的にはフラクタルと呼ばれる不思議な性質を持つことがある.

このフラクタルという言葉はマンデルブロによって断片などを表すギリシャ語から作られた造語である.フラクタルな性質を持つ図形は奇妙な性質を持つことで知られている.フラクタルとはどのようなものであるのか.

フラクタルな性質を持つ図形としてよく知られているものにコッホ曲線がある.コッホ曲線は単純な規則の繰り返しによって作成される.ある線分を3等分し,3等分した真中の部分をその長さに等しい正三角形で突起を作る.これで線分四つで構成される曲線になるわけだが,各々の線分をさらに3等分して同様に突起を作る.これを無限に繰り返してできた図形がコッホ曲線となる.コッホ曲線の差し渡しの1/3を拡大すると作成原理から明らかなように全体と同じ図形になる.この性質を自己相似性と呼ぶ.フラクタルな図形に共通する性質である.このコッホ曲線の長さを考えると,最初有限の長さの線分であったが,1回の操作で長さは4/3倍になるので無限に繰り返すと最終的には無限の長さを持つことになる.

図3.25はシェルピンスキーのガスケットとして知られている図形である.これは正三角形の内部を内接する倒立した正三角形でくりぬく.すると正三角形が三つできるわけだが,この正三角形を同様に内接する倒立した正三角形でくりぬくという操作を無限に繰り返した図形がシェルピンスキーのガスケットである.この図形の面積は0である.さらにくりぬかれた図形の外周は一筆書きできるが,その長さは無限である.初め図形は2次元だったはず

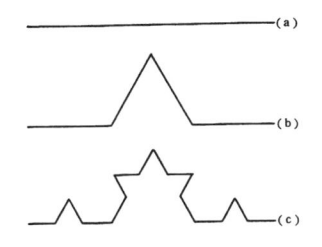

図 3.24 コッホ曲線 (高安, 1988[65])

だが,繰り返しの操作を無限に行うと最終的に面積0で長さが無限の図形となり,1次元の図形となってしまう.

図3.26はペアノ曲線と呼ばれる図形である.まず×を書き,その外周を沿う曲線を書く.次にこの×の四つの線分の中心にそれぞれ線分を書き,またその外周を沿う曲線を一筆書きで書く.この操作を無限に繰り返すと一筆書きの線は面全体を完全に充満することが証明されている.つまり,最初は1次元のはずが,最終的には2次元になってしまう例である.

フラクタル図形というと必ず紹介されるのが,マンデルブロ集合である.マンデルブロ集合は複素関数 $f(Z) = Z^2 + C$ なる式が与えられ,Z の初期値を0として漸化式 $Z_{n+1} = f(Z_n)$ を考えた時,n が無限大となっても $\{Z_n\}$ が有限である C の集合である.厳密にはマンデルブロ集合はフラクタルではないが,マンデルブロ集合を含む近辺を部分的に拡大していくとマンデルブロ集合全体とよく似た自己相似性を持つ構造がたくさん埋め込まれている.

これまであげたフラクタルな性質を持つ図形はいずれもユークリッド幾何学の中では分類することができない.そこで次元を以下のように定義してみる.

> 全体を $1/a$ に縮小した相似図形が a^D 個によって全体が構成される時に,その図形の次元を D と定める.

この次元は現在一般にフラクタル次元と呼ばれており,その定義はユークリッ

図 3.25 シェルピンスキーのガスケット (高安,1988[65])

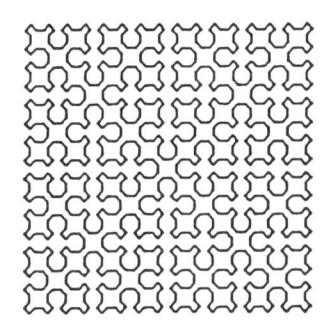

図 3.26　ペアノ曲線 (高安, 1988[65])

ド幾何学の次元を内包している．例えば線分であるが，線分を 1/2 に縮小した相似図形は 2 個で全体が構成されるので，$2 = 2^1$ で次元は 1 である．次に正方形は 1/2 に縮小した相似図形が 4 個で全体が構成されるので，$4 = 2^2$ で次元は 2 である．同様に立方体の次元は 3 となる．ではコッホ曲線の次元を計算してみることにする．全体を 1/3 に縮小したとき相似図形は 4 個で全体が構成されるので，$3^D = 4$ となるから，D は整数ではありえない．結局

$$D = \frac{\log_{10} 4}{\log_{10} 3} = 1.26\cdots$$

図 3.27　マンデルブロ集合

となり，非整数階の次元となる．このこと自体は比較的古くから知られていたらしいが，われわれは非整数階の次元といわれてもそれを想像することはできないはずと長い間信じられていて，自然界に存在する図形とは無縁のものと考えられてきた．

円の一部を拡大すると曲線になる．さらに拡大していくとどんどん直線に近づいていく．図 3.29 の右上の図は地図からある海岸線をトレースしたものである．図 3.29 の右下の図は右上の図の一部を縮尺を変えて表示したものである．もちろん元の図形と同じわけではないが，図形だけではどちらが拡大した図であるかを判断することはできない．このように自然界の図形の

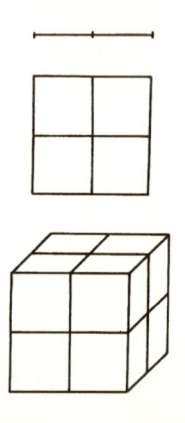

図 3.28 幾何学的な図形のフラクタル次元 (高安，1988[65])

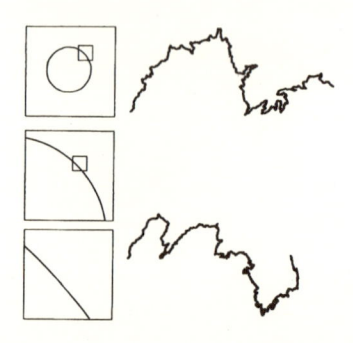

図 3.29 自然界の図形と幾何学的な図形 (高安，1988[65])

中には部分を拡大したときに元の図形とその複雑性の程度が変わらない図形が存在する．このような図形に対しても自己相似性の適用を拡大することで自然界のフラクタル次元を計測することが可能となる．

実際に自然界の図形のフラクタル次元を図る手順を見てみることにする．先ほどと同じ海岸線の図形であるが，まず全体の長さを測り，2等分あるいは3等分した単位の長さを決める．これをデバイダなどを用いて個数を測る．これを複数箇所で行って平均を採る．縮尺を変え，同じように個数を測る．この単位の長さの対数変換した値と個数の対数変換した値がほぼ直線上にのるとき，その図形はフラクタル図形であるということができ，傾きからフラクタル次元を知ることができる．

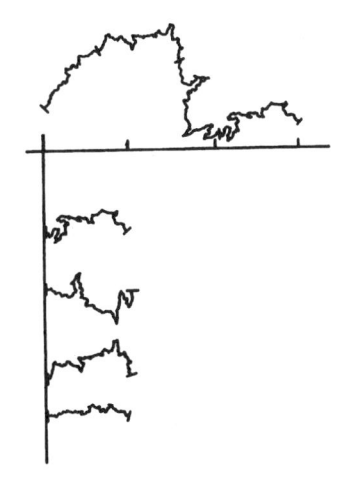

図 3.30 自然界へのフラクタル次元の適用 (高安, 1988[65])

3.2.3 カオス

前節で心拍変動性の時系列データがフラクタル図形であることが示されたが，フラクタルは幾何学的な性質である．心拍変動性はあくまで時間的な性質なのだが，フラクタルのような幾何学的な性質を持つのはなぜなのだろうか．一つの説明として，心臓の拍動リズムが非線形振動の一つの性質である

カオスの可能性が考えられる．ここで非線形振動およびカオスについて説明してみたい．

非線形振動の話の前にまず線形振動について述べる．線形振動の特徴は以下の三点が挙げられる．

- 初期値や外力に影響される
- 近い周波数の二つの波が合成されるとうなりを生じる
- 同じ周波数の二つの波が合成されると共振（共鳴）が生じる

線形振動の例としてよく取り上げられるのが単振り子である．単振り子は摩擦がない条件では最初に錘を離した位置で永久に同じ振幅で振動する．実際には摩擦があるので徐々に振幅が減少してどこかで振動は止まる．

これに対して非線形振動の特徴は以下の四つの点にある．

- 初期値や外力の影響を受けにくい(極限軌道)
- パラメーターの変化によって突然様相が変わる(分岐現象)
- 近い周波数の二つの波が相互作用するとどちらかの周波数に一致する(引き込み)
- カオスを生じることがある

これらの特徴のうち最初の三つについてモデルを提示して説明する．まず，紙かプラスチックのコップを用意し，それが入る容器を用意する．容器のほうには水を入れ，コップには塩水を入れておく．そしてコップを容器の水に浸るよう固定する．この段階でコップの底に穴をあける．すると塩水は比重が大きいので，塩水が容器の方へ移動する．この状況が続くと塩水と水との

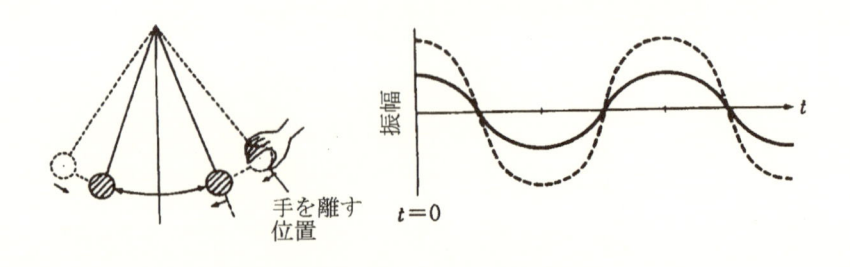

図 3.31　線形振動 (吉川，1992[76])

間に高低差が生まれ，今度は高低差により重力の影響で水がコップの方へ移動する．コップから容器への移動と容器からコップへの移動は決まった周期を持つリズム現象を生み出す．

　この塩水による振動は線形振動ではない．単振り子の場合徐々に摩擦によって徐々に振幅が減少して停止するが，塩水の振動では振幅は必ず一定である．振動を繰り返すうちに徐々にコップと容器の塩分濃度は近づくが，塩水の振動は一定の振幅を保ち，塩分濃度の差がなくなると突然リズムが消滅する．

　この塩水のリズム生成器を容器ごとゆらすとリズムは一時乱れるが，最終的にはもとの周期と振幅で振動するようになる．もちろん位相は外乱によってずれる．このように外乱に対して周期や振幅が元に戻る性質を極限軌道という．

　コップの穴の大きさを変えていくと，周期と振幅は大きさとともに連続的に変化するが，ある一定以上の大きさになると穴の中で上下の流れが同時に生じるようになる．このようにパラメーターを連続的に変化させたときにある時点から突如生じる変化を分岐現象と呼ぶ．

　今度はコップに二つ穴をあけた場合を見てみる．先ほど同様分岐現象が見られる．穴の間隔が狭いときはどちらの穴も同じ方向に塩水または水が移動するが，穴と穴の間隔が広くなるとどちらかの穴で下向きの流れになるともう一方は上向きという具合に反対方向に流れが生じるようになる．

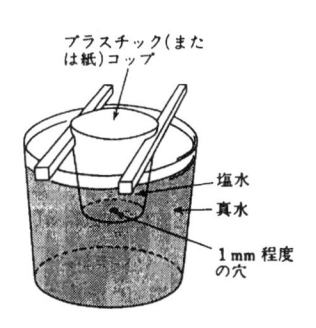

図 3.32　非線形振動 (吉川, 1992[76])

今度は一つの容器の中に二つのコップを入れた場合であるが,どのようなタイミングで二つのコップを容器に入れても最終的には一方のコップが上向きの流れの時,もう一方のコップは下向きの流れというように逆方向の流れが生じる.このように二つのリズムが同調する現象を引き込みという.この場合は位相が180°ずれて引き込んでいるという表現になる.

さらにコップを増やして三つにすると三つのうちの二つの位相が揃い,残り一つのコップの位相が180°ずれる.しかも,位相が揃う二つのコップの組み合わせは順次変わっていく.このような位相の遷移状態がしばらく続いた後,最終的には三つのコップの位相が120°ずつずれてそのまま位相が固定する.

非線形振動の四つ目の特徴としてカオスを生じることがあるということが挙げられる.このカオスとはいったいどういうものであるのか.

これまで自然科学は単純なメカニズムからは単純な現象しか生まれず,複雑な現象は多数の要因が関与することで生じると考えられてきた.単純なメカニズムでは次にどうなるかは明確になっており,このような系を決定論的な系と呼ぶ.決定論的な系の挙動は全て予測可能であると考えられてきた.これに対して複雑な系は次にどうなるかを決定することはできず,その統計的な性質だけが理解できるとされてきた.このような系を確率論的な系と呼

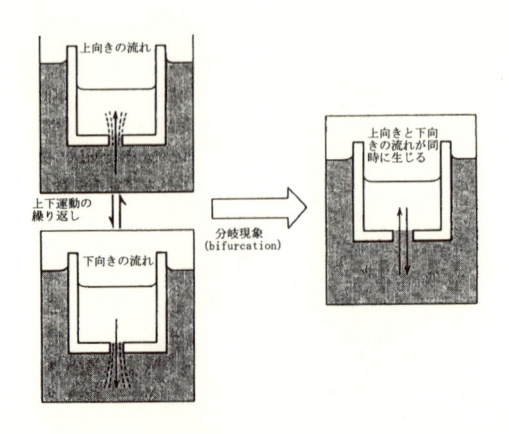

図 3.33 分岐現象 1(吉川, 1992[76])

3.2 生体のゆらぎ現象

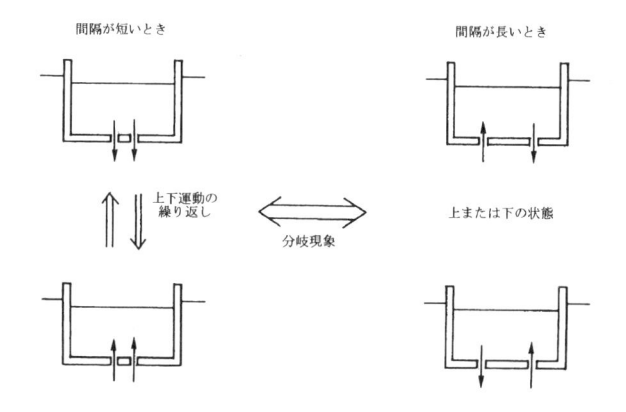

図 3.34 分岐現象 2(吉川, 1992[76])

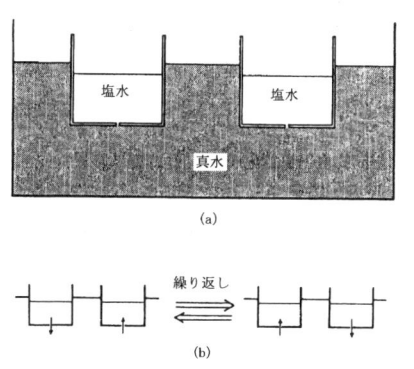

図 3.35 引き込み (吉川, 1992[76])

ぶ．従来の自然科学は決定論的な系と確率論的な系は全く異なる範疇の現象であると考えていたのである．

ここで

$$x_{n+1} = x_n^2 - a$$

という繰り返し公式を考えてみる．式自体は極めて単純な式である．今，パラメーター a をいろいろかえながら，$x_0 = 0$ からの点列を計算してみることにする．

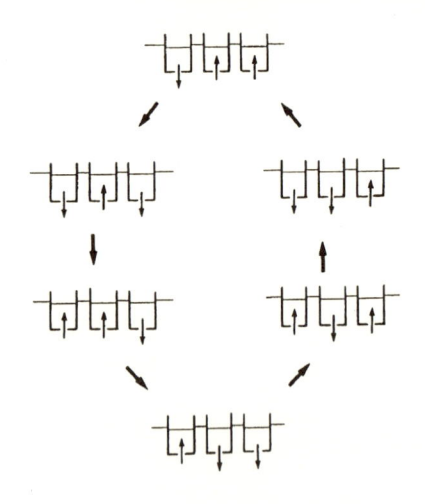

図 3.36 位相の遷移と固定 (吉川, 1992[76])

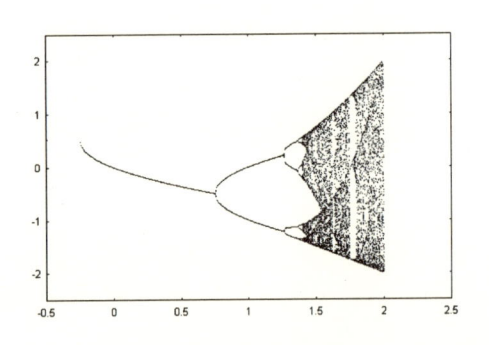

図 3.37 パラメーターの分岐図

　まず，$a < -1/4$ の場合は $+\infty$ に発散する．次に，$-1/4 < a < 3/4$ の場合は1点に収束する．a が 3/4 を超えると，二つの点を交互に行き来する周期2の振動がみられる．この後 4, 8, 16, … と 2^m 周期の振動が観察される．a がある値を超えると図 3.37 にあるようにほとんど黒く塗りつぶされるような状態となる．この領域では完全に非周期的振動つまりほとんどでたらめに振動するようになり，これがカオスと呼ばれる状態である．

　カオスの完全な定義というものは不思議なことにまだ確立されていない．ここでは多くの研究者に支持されているその特徴を挙げておくことにする．

最大の特徴は決定論的な系でありながら，確率論のような振る舞いをするということである．図 3.38 上段はパラメーター $a = 1.7$ での 200 点までの点列データをプロットしたものである．カオス状態では非周期的な振動をするため点列データの振る舞いはランダムに見える．さらにカオスは初期値に対して敏感である．図 3.38 の実線および破線は $a = 1.7$ の同一パラメーターであるが，実線の初期値が $x_0 = 0$ であり，破線が $x_0 = 0.001$ である．両者の違いは初期値がわずか 1/1000 違うだけである．点列の動きは最初の 30 回ぐらいまではほとんど同じ値をとるもののその後急速に両者の値はかけ離れた値となり，全く異なる振動を形成する．この現象はバタフライ効果などと呼ばれている．

この初期値に対する敏感性という性質は点列のどこでも観察される．もしこの繰り返し公式が何らかの実験データのモデルだと仮定すると実験データのわずかな誤差によってデータがモデルのどの時点であるかを特定することはできないのである．さらにモデルがわからない場合にわれわれがデータから知りうることは，カオスであるかないか，そしてカオスである特定されたときにそのモデルの構築するのに必要な最低の自由度がわかる程度である．

これまでの数理的なモデルを仮定できる実験を主体とした科学では仮説となるモデルを設定し，そこから得られるデータと実験データがある程度の誤差範囲にあれば仮説となるモデルが実験的に実証されたと考えるわけである．これがカオスを生じる実験系では全く無力になってしまう．つまり，実

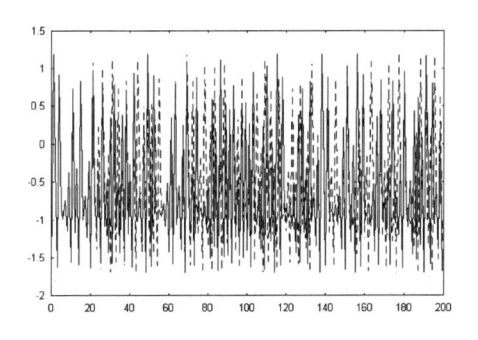

図 3.38　初期値敏感性

験データとモデルから導かれるデータのわずかな誤差がデータ長によって全く異なる振る舞いをする可能性がある．また，データはほとんどの場合ランダムな振動を示し，データがモデルとある誤差範囲に収まったとしてもそれが唯一のモデルであるという保証はどこにもないのである．つまり，データとモデルがほとんど一致しなくてもモデルが正しい場合もありうるし，ほとんど一致したとしてもモデルが誤っている場合もあるということになる．

ここで別の繰り返し公式によるカオスを見てみることにする．ローレンツのカオスと呼ばれている．

$$x_{n+1} = (1+ab)x_n - bx_ny_n$$
$$y_{n+1} = (1-b)y_n + bx_n^2$$

図 3.39 はローレンツのカオスの x および y の点列データである．初期値はパラメーター a は 0.45, b は 1.9, 初期値は x および y とも 0.1 で 1000 プロットした．両者ともカオスの特徴であるランダムな点列であることがすぐ

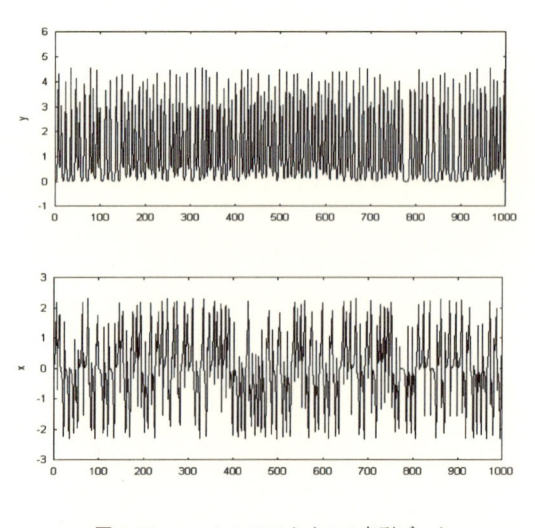

図 3.39 ローレンツのカオスの点列データ

わかる．

ほとんどランダムと思われる点列データを今度は x-y 平面状にプロットしてみる．不思議なことにランダムなはずの点列データからある種の造形のよ

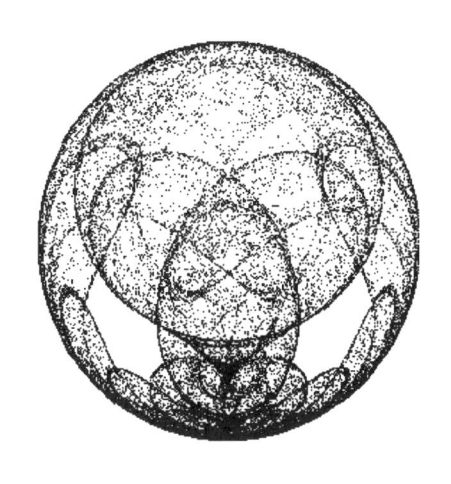

図 3.40 x-y 平面でのローレンツのカオス

うなものが浮かび上がってくる．パラメーターを変えると点列データは相変わらずランダムであるが，これを x-y 平面状にプロットしなおしてみると，実に様々な造形が見られる．いずれもどこかにありそうで実際にはないような気もする不思議な印象を与える．このような造形の一部を拡大してみると自己相似な図形が必ず発見される．つまり，カオスである系は必ずどこかにフラクタルな幾何学的な構造を持っているのである．

先にみた心拍変動性がフラクタルな幾何学構造を持つ理由としてカオスである可能性が考えられる．生理学的な理解から以下の三つの可能性があるように思われる．
- 強制振動系によるカオス
- フィードバックによるカオス
- カオスニューラルネットワーク

この中で最も有力だと思われる強制振動系について考えてみることにする．

すでに述べたように線形振動では近い周期の振動が足し合わされるとうな

りが生じ，周期が同じ場合は共振が起こる．これに対して非線形振動の場合近い周期の振動が足し合わされるとどちらかのリズムに一致する引き込みという現象が起こる．特に一方のリズムが外部から可変でないリズムとして存在する場合を強制振動と呼んでいる．リズム現象で説明した日内変動はある意味で概日リズムが太陽光による昼夜リズムに対して強制振動により同調しているともいえる．

　心臓は自身の自働性により拍動しているわけだが，その調節は自律神経系によってなされる．この時心臓の固有のリズムは極めて規則的であるのだが，自律神経系の制御がかかると安静時は健常者の場合必ず心拍変動性を生じる．自律神経系の制御に用いられる活動電位も一種のリズム現象とみなすことができ，心拍リズムは自律神経系による強制振動と考えることができるのである．これまで強制振動系については数値実験により条件によってカオスが生じることがよく知られている．したがって，心拍変動性に見られる幾何的なフラクタル構造が強制振動系によるカオスで説明される可能性は高いものと思われる．

4

健康・スポーツ科学の地平

　第2章および第3章において運動生理学と生体協同現象学という視点からヒトに対する理解の方法論を示したつもりである．ここで第2章および第3章で示した方法論はお互いに相容れない立場にあることを説明しておかなければならないだろう．第1章でも述べたようにヒトの理解において機械論的な理解が困難であることを示したつもりである．つまり運動生理学によるヒトの理解は要素還元主義に基づく機械論的理解であり，限定された範囲においては十分有効性を持つが，ヒトの制御は基本的に非線形であるので全てのことを予測することは不可能である．特に生体の適応現象を機械論の範疇で取り扱うのは極めて難しい．機械におけるネガティブフィードバックによる制御は，その制御パラメーターは入力負荷に依存せず常に一定の出力が得られることを期待している．しかし，生体におけるネガティブフィードバックの制御は入力負荷に対して制御パラメーターがかわる，つまり適応能力があるのである．このような柔軟性とともに出力応答が極めて不思議な性質を持つことがある．

　第3章においてヒトの安静時の心拍変動性にフラクタルな性質があることを述べた．このことが平均値が存在しないという奇妙な性質を生む．野崎と山本[45]は8500秒におよぶヒト安静時の心拍変動性を長時間計測し，計測区間を細分化してえられた平均値の変動を全体の平均に対して連検定により検討した．その結果計測区間の平均値のばらつきは全体の平均に対してランダムではなく，長周期の振動をしていることを明らかにした．心拍変動性には明らかな定常性があることは間違いないのであるが，平均値が存在しないという極めて不思議な振る舞いをしているのである．このことは心拍変動性が

フラクタルな性質を持つことから明らかである．つまりパワースペクトルが冪スケールに分布するため，どの長さで平均を採っても長周期の変動を持つことになる．これが定常でありながら平均値を持たない理由である．

　このことはまたある意味で運動時の生理学的な応答の解釈を困難にすることがある．例えば安静から軽い運動をしてまた安静を保つ場合，心拍数の応答は運動前後で変わらないというのが運動生理学の常識である．では実際に前後の瞬時心拍数の分布を統計学的に検定してみるとどうなるであろうか．ほとんどの場合統計学的には有意な値が得られる．このことはわれわれの常識に反するように思われるが，心拍変動性が安静時においてフラクタルな構造を持つことで容易に理解できる．統計学的な検定は平均値の差が取り得る確率を計算することになるが，どのような範囲の平均を取っても平均値が必ず長周期で振動するので同じ値を取る確率はきわめて低くなる．したがって，統計学的に有意な差があることで運動の前後での心拍数に差があると結論づけるべきではないのである．しかしその根拠は洞察というほかない．

　フラクタル，カオスあるいは自己組織化などの観点からのアプローチを複雑系による理解と呼ぶことがある．複雑系の視点によって文理を超える新たな統合された知の理解が可能になるという意見がある．しかし，現在のところ複雑系の視点はヒトの理解において機械論に対するアンチテーゼとしてしか筆者にはその存在理由を見出せない．前章で心拍変動性はカオスであることを示唆された．カオスは法則がわかっても長期の将来を予測することはできない．さらにカオス的振る舞いをするなんらかのモデルを仮定した場合予測したデータと実験データからはモデルの確からしさを実証することはできないことになる．はたしてこれは何がわかったことになるのであろうか．複雑系の視点は物質的な現象であっても文科学的な理解にしか到達できないことを示しているのではないだろうか．これを乗り越える方法論を複雑系の観点から提示できるか否かについては現時点では悲観的にならざるを得ない．

　要素還元主義に基づくヒトに関する理解は今や分子生物学のレベルに達した．遺伝子の配列が全て同定され，その個々の機能が全て理解できたときにはたしてヒトを完全に理解したと言えるのであろうか．その結論はでていないが，当面要素還元主義に基づく理解と複雑系のような理解とのバランスを

とっていくことなるのではないかと思う．要素還元主義や複雑系を超える新たなパラダイムが登場したときに真に健康科学およびスポーツ科学というものが確立するのではないかと期待している．

文　　献

1) P.-O. Åstrand and K. Rodahl. *Textbook of work physiology*. McGraw-Hill, 1970.
2) 合原一幸. カオス—カオス理論の基礎と応用. サイエンス社, 1990.
3) 朝山正巳, 彼末一之, 三木健寿. イラスト運動生理学. 東京教学社, 1995.
4) G.A. Brooks and T.D. Fahey. *Exercise physiology : Human bioenergetics and its applications*. John Wiley & Sons, 1984.
5) 千葉喜彦. 生物時計の話. 中央公論社, 1975.
6) H.L. Dreyfus, S.E. Dreyfus, 椋木直子訳. 純粋人工知能批判. アスキー出版局, 1987.
7) 海老原史樹文, 深田吉孝. 生物時計の分子生物学. シュプリンガー・フェアラーク, 1999.
8) E.D. Enger, J.R. Kormelink, F.C. Ross, and F.J. Smith. *Foundation of Allied Health Sciences*. Wm. C. Brown Publishers, 1991.
9) 渕上季代絵. フラクタル CG コレクション. サイエンス社, 1987.
10) 福場博保, 佐原眞, 奥村彪生, 大賀圭治, 豊川裕之. 食生活論. 光生館, 1987.
11) A.C. Guyton. *Text Book of Medical Physiology*. W. B. Saunders Company, 1976.
12) H. ハーケン. 協同現象の数理. 東海大学出版会, 1980.
13) 橋本勲, 進藤宗洋, 熊谷秋三, 森山善彦, 矢崎俊樹, 北嶋久雄, 田中宏暁, 村上寿利. 新エスカ 21 運動生理学. 同文書院, 1987.
14) 堀清記, 中田健次郎, 小野桂市, 河野節子. 健康と運動の生理学. 金芳堂, 第 3 版, 1999.
15) 飯沼一元. 入門と実習ニューロコンピュータ. 技術評論社, 1989.
16) 池上晴夫. 運動生理学. 朝倉書店, 1987.
17) 入来正躬. シェーマでみる自律神経最新の知識. 藤田企画出版, 1989.
18) 石井威望, 三雲謙. シナジェティック・ヴィジョン. NTT 出版局, 1995.
19) 石川友衛. 運動生理学・神経生理学. 医歯薬出版, 1977.
20) 伊藤朗. 図説運動生理学入門. 医歯薬出版, 1990.
21) 伊東敬祐. カオスって何だろう. ダイヤモンド社, 1993.
22) A.T. Johnson. *Biomechanics and Exercise Physiology*. John Wiley & Sons, INC., 1991.
23) 川上博. カオス CG コレクション. サイエンス社, 1990.
24) 岸恭一, 上田伸男. 運動生理学. 講談社サイエンティフィック, 1999.
25) M Kobayashi and T Musha. 1/f fluctuation of heartbeat period. *IEEE trans Biomed. Eng.*, Vol. BME29(6), pp. 456–457, 1982.
26) 小林康夫, 船曳健夫. 知の技法. 東京大学出版会, 1994.
27) G.G. Luce. 生物時計. 思索社, 1991.
28) ベンワー・マンデルブロ. フラクタル幾何学. 日経サイエンス, 1985.
29) 真島英信. 生理学. 文光堂, 1986.
30) 松原純子, 川田智恵子, 斎藤むら子. ホリスティック・ヘルスへの実証的研究に向けて. *Health Sciences*, Vol. 2(1), pp. 40–42, 1986.
31) 松下貢. 医学・生物学におけるフラクタル. 朝倉書店, 1992.
32) 三木成夫. ひとのからだ–生物史的考察–. うぶすな書院, 1997.
33) 南茂夫. 科学計測のための波形データ処理. CQ 出版, 1986.
34) 宮下充正. 体力を考える — その定義・測定と応用 —. 杏林書院, 1997.

35) 森本兼襄. 健康とは何か-自己実現と健康ワークショップを終えて-. *Health Sciences*, Vol. 2(1), pp. 36-39, 1986.
36) 森谷敏夫, 根本勇. スポーツ生理学. 朝倉書店, 1994.
37) 武者利光. ゆらぎの世界. 講談社, 1980.
38) 長野敬一. 生体の調節. 岩波書店, 1994.
39) 中川八郎, 永井克也. 脳と生物時計—からだのリズムのメカニズム. 共立出版, 1991.
40) 中井準之助, 大江規玄, 森富, 山口英智, 金光晟, 養老孟司. 解剖学辞典. 朝倉書店, 1984.
41) 中野昭一. 図解生理学. 医学書院, 1981.
42) 中谷宇吉郎. 科学の方法. 岩波新書 313, 1958.
43) F.H. Netter. *Interactive atlas of human anatomy*. Novartis, 1998.
44) G. ニコリス, I. プリゴジン. 複雑性の探究. みすず書房, 1993.
45) 野崎大地, 山本義春. 生体の $1/f^\beta$ ゆらぎとその解析法. *BME*, Vol. 8(10), pp. 5-12, 1994.
46) 緒方正名. 健康科学概論. 朝倉書店, 1992.
47) 小野三嗣. 運動の生理科学. 朝倉書店, 1978.
48) 小野寺孝一, 宮下充正. 全身持久性運動における主観的強度と客観的強度の対応性. 体育学研究, 1976.
49) 大塚邦明. 時間医学 (Chronome) とヤヌス (Janus) 医学. メディカルレビュー社, 1998.
50) B. Pomeranz, R.J.B. Macaulay, M.A. Caudill, I. Kutz, D. Adam, D. Gordon, K.M. Kilbon, A.C. Barger, D.C. Shannon, R.J. Cohen, and H. Benson. Assessment of autonomic function in humans by heart rate spectral analysis. *Am. J. Physiol.*, Vol. 248, pp. H151-H153, 1985.
51) Walter C. Randall. 心臓血管機能の神経性調節. 医薬ジャーナル社, 1988.
52) K.E.F. Sands, M.L. Appel, L.S. Lilly, F.J. Schoen, G.H. Mudge Jr., and R.J. Cohen. Power spectrum analysis of heart rate variability in human cardiac transplant recipients. *Circulation*, Vol. 79, pp. 76-82, 1989.
53) 生物学資料集編集委員会. 生物学資料集. 東京大学出版会, 1974.
54) 週刊ダイヤモンド編集部. 複雑系の経済学. ダイヤモンド社, 1997.
55) 七五三木聡. 骨の成長と運動. 体育の科学, Vol. 44(8), pp. 590-598, 1994.
56) 品川嘉也, 瀬野裕美. 医学・生物学とフラクタル解析-生物に潜む自己相似性を探る. 東京書籍, 1992.
57) J. Stegemann. *Exercise Physiology*. Georg Thieme Verlag, 1981.
58) 杉晴夫. 運動生理学. 南江堂, 第 2 版, 1995.
59) 諏訪邦夫. 人体の制御. 南江堂, 1988.
60) 鈴木良次, 佐藤俊輔, 池田研二, 吉川昭. 生体信号-計測と解析の実際-. コロナ社, 1989.
61) 鈴木良次. 生物情報システム論. 朝倉書店, 1991.
62) 高橋徹三, 山田哲雄. 運動生理学. 健帛社, 1988.
63) 高安秀樹. フラクタル. 朝倉書店, 1986.
64) 高安秀樹. フラクタル科学. 朝倉書店, 1987.
65) 高安秀樹, 高安美佐子. フラクタルって何だろう. ダイヤモンド社, 1988.
66) 寺本英, 広田良吾, 武者利光, 山口昌哉. 無限・カオス・ゆらぎ. 培風館, 1985.
67) 東京大学教養学部保健体育研究室. 身体運動科学. 東京大学出版会, 1992.

68) 栃原裕, 大中忠勝. 運動生理学. 三共出版, 1988.
69) 津田一郎. カオス的脳観. サイエンス社, 1990.
70) 臼田昭司, 東野勝治, 井上祥司, 伊藤敏, 葭谷安正. カオスとフラクタル. オーム社出版局, 1999.
71) M.M. ワールドルップ. 複雑系. 新潮社, 1996.
72) N. ウィーナー. サイバネティクス. 岩波書店, 第 2 版, 1962.
73) 山口昌哉. カオスとフラクタル. 講談社, 1986.
74) 山田茂, 跡見順子, 冨野士良, 原田邦彦, 岩垣丞恒, 渡辺雅之, 堤達也, 平田耕造. 運動生理生化学. 培風舘, 1990.
75) 山岡誠一, 吉岡利治, 木村みさか. 運動と栄養. 杏林書院, 1986.
76) 吉川研一. 非線形科学. 学会出版センター, 1992.

索　引

1/f ゆらぎ　101

ADP　42
ATP　42

pH　43

RR 間隔　98

TCA 回路　42

アクチン　28
アポクリン腺　72
アミノ酸　37
アミロース　33
アミロペクチン　33

位相　84
一回換気量　53
一回拍出量　62

ウルトラディアンリズム　90
運動神経　11
運動単位　29
運動野　14

栄養素　32
エクリン腺　72
エネルギー代謝率　49
遠心性　11
延髄　11

横隔膜　52
温熱性発汗　72

回外　24
外呼吸　51
外層温　70
外転　24
回内　24
概日リズム　85
海綿質　22
外肋間筋　53
カイロミクロン　37
カオス　105
核心温　70
拡張期血圧　64
確率論　109
過酸化脂質　39
活動電位　13
ガラクトース　32
間接　24
汗腺　72
間脳　11

基礎代謝　49
気道　51
機能的残気量　53
求心性　11
橋　11
胸式呼吸　52
極限軌道　106, 107
筋原線維　27
筋線維　26

筋束　26
筋膜　26

屈曲　24
グリコーゲン　42
グリセロール　35
グルコース　32
クレアチン燐酸　43

頸動脈小体　59
血圧　64
血管運動中枢　65
血管平滑筋　64
決定論　109
腱　26

交感神経系　18, 98
高所馴化　80
後負荷　62
呼吸　51
呼吸交換比　48
呼吸商　48
呼吸中枢　57
骨化　22
骨格筋　26
骨細胞　22
骨密度　23
コレステロール　36

最大酸素摂取量　45
酸素解離曲線　57
酸素摂取量　44
酸素負債　45
酸素不足　45
酸素飽和度　55

時間薬理学　92
死腔量　54
軸索　12
視交差上核　88
自己相似性　101
脂質　32

姿勢反射　17
自働性　94
シナプス　12
脂肪酸　35
周期　84
自由継続　85
収縮期血圧　64
重炭酸塩　43
周波数　84
樹状突起　12
松果体　88
少糖類　33
小脳　11
食物線維　34
自律神経系　11
心筋細胞　62
神経線維　11
心室　61
心臓　61
伸展　24
心拍出量　62
心拍数　63
心拍変動性　94
心房　61

錐体路　16

静止長　30
セルロース　33
線形振動　105
全肺容量　54
前負荷　62

速筋線維　29

対向流熱交換系　72
体性感覚野　14
体性神経系　11
大動脈弓　59
大脳　11
ダグラスバック　46
多糖類　33

炭水化物　32
蛋白質　32

知覚神経　11
遅筋線維　29
緻密質　22
中枢神経系　10
中脳　11
頂点位相　84

椎間板　23
椎骨　22

定常状態　44
定常不規則雑音　96

洞結節　62
糖質　32
トリグリセリド　35

内呼吸　51
内転　24
内部環境　10
内分泌系　18
内肋間筋　53
軟骨　22

二重支配　63
日内変動　84
ニューロン　12
尿素　38

熱放散　71

脳幹　11
能動汗腺数　73
脳波　89
ノンレム睡眠　90

肺活量　53
胚胞　51
肺容量　53

バタフライ効果　111
パワースペクトル密度　97

非温熱性発汗　72
引き込み　106
非線形振動　106
ビタミン　32
ピルビン酸　42

フーリエ変換　97
副交感神経系　18, 98
複雑系　116
腹式呼吸　52
負のフィードバック　10
不飽和脂肪酸　36
フラクタル　101
フルクトース　32
ブロードマンの地図　14
分岐現象　106
吻合　72

ヘモグロビン　55

飽和脂肪酸　36
ホメオスタシス　10
ホルモン　20

ミオシン　28
ミネラル　32

無機燐酸　42
無酸素性代謝　44

有酸素運動　67
有酸素性代謝　44
ゆらぎ　93

要素還元主義　7

リズム　83

レム睡眠　90

著者略歴

武井義明(たけいよしあき)
1959年　東京都に生まれる
1983年　東京大学教育学部卒業
現　在　神戸大学発達科学部・助教授
　　　　（専攻：運動生理学）

健康・スポーツ科学　　　　　定価はカバーに表示

2000年4月20日　初版第1刷
2005年5月20日　　　第2刷

著　者　武　井　義　明
発行者　朝　倉　邦　造
発行所　株式会社　朝　倉　書　店
東京都新宿区新小川町6-29
郵便番号　162-8707
電　話　03(3260)0141
FAX　03(3260)0180
http://www.asakura.co.jp

〈検印省略〉

Ⓒ 2000〈無断複写・転載を禁ず〉　　　平河工業社・渡辺製本

ISBN 4-254-69034-7　C 3075　　　　　Printed in Japan

伏木 亨・柴田克己・横越英彦・中野長久他著
スポーツと栄養と食品
69029-0 C3075　　　A5判 160頁 本体3200円

〔内容〕勝つための栄養素・食物／運動とビタミン，ミネラル／運動とタンパク・アミノ酸代謝／何が持久力に影響を与えるか／運動と基礎代謝・脂肪代謝・ダイエット／筋肉増強と運動・食事／運動と糖吸収／運動不足の栄養生理学／酸素と運動

前慈恵医大 小野三嗣・川崎医療福祉大 小野寺昇・国際武道大 成澤三雄著
新運動の生理科学
69030-4 C3075　　　A5判 168頁 本体2900円

解剖生理学的知見は必要最小限にとどめ，運動が生体機能に及ぼす影響に重点をおいて28のテーマを設け，進展を続けるこの領域の最先端の成果を取込みながら，現代の運動生理学全貌について多くの図表を用いて明解簡潔に解説

前筑波大 勝田 茂編著
運動生理学20講（第2版）
69032-0 C3075　　　B5判 164頁 本体3200円

好評を博した旧版を全面改訂。全体を20章にまとめ，章末には設問を設けた。〔内容〕骨格筋の構造と機能／筋力と筋パワー／神経系による運動の調節／運動時のホルモン分泌／運動と呼吸・心循環／運動時の水分・栄養摂取／運動と発育発達／他

中京大 湯浅景元・順天大 青木純一郎・早大 福永哲夫編
体力づくりのための スポーツ科学
69036-3 C3075　　　A5判 212頁 本体2900円

健康なライフスタイルのための生活習慣・体力づくりをテーマに，生涯体育の観点からまとめられた学生向けテキスト。〔内容〕大学生と体力／体力づくりのためのトレーニング／生活習慣と食事／女子学生の体力づくり／生涯にわたる体力づくり

東大 深代千之・名大 桜井伸二・東大 平野裕一・筑波大 阿江通良編著
スポーツバイオメカニクス
69038-X C3075　　　B5判 164頁 本体3300円

スポーツの中に見られる身体運動のメカニズムをバイオメカニクスの観点から整理し，バイオメカニクスの研究方法について具体的に解説。〔内容〕発達と加齢・臨床におけるバイオメカニクス／力学の基礎／計測とデータ処理／解析／評価／他

筑波大 阿江通良・筑波大 藤井範久著
スポーツバイオメカニクス20講
69040-1 C3075　　　A5判 184頁 本体3200円

スポーツの指導，特に技術の指導やトレーニングを効果的に行うためには，身体運動を力学的に観察し分析することが不可欠である。本書はスポーツバイオメカニクスの基礎を多数の図(130)を用いて簡潔明快に解説したベストの入門書である

国立スポーツ科学センター 浅見俊雄著
現代の体育・スポーツ科学
スポーツトレーニング
69517-9 C3375　　　A5判 180頁 本体3700円

〈勝つためのトレーニング〉への好指針。〔内容〕動く身体の構造と機能／体力トレーニング／技術と戦術のトレーニング／意志のトレーニング／発育・発達とトレーニング／トレーニング計画の立て方・進め方／スポーツ指導者の役割／他

前筑波大 池上晴夫著
現代の体育・スポーツ科学
新版 運動処方
— 理論と実際 —
69522-5 C3375　　　A5判 288頁 本体4600円

運動処方のすべてを明快・具体的に解説。〔内容〕健康と運動と体力／運動の効果(自覚的効果)・心臓・血圧・動脈硬化・有酸素能力・全身持久力・体温調節機能・肥満と血中脂質・体力に及ぼす効果／喫煙と運動／運動と栄養／運動処方の実際

前筑波大 松浦義行編著
現代の体育・スポーツ科学
数理体力学
69524-1 C3375　　　A5判 216頁 本体3600円

〔内容〕体力の測定・評価の数理／体力発達の数理的解析／数理体力学の諸問題（スポーツ科学への数学的接近の必要性，数学的アプローチの長所と限界，帰納的数理と演繹的数理による接近）／スポーツ現象理解のための数理モデルの構築と実際

前筑波大 池上晴夫著
現代の体育・スポーツ科学
スポーツ医学 I
— 病気と運動 —
69525-X C3375　　　A5判 352頁 本体6400円

〔内容〕肥満と運動／糖尿病と運動／高脂血症と運動／動脈硬化と運動／虚血性心疾患と運動／高血圧と運動／骨粗鬆症と運動／喘息と運動／運動性貧血／癌と運動／スポーツ心臓／運動と突然死／運動の功罪／運動処方／安全対策／他

上記価格（税別）は2005年4月現在